Cancioneiro de Viola Caipira
volume 1

Rui Torneze

Nº Cat.: 305-A

Irmãos Vitale Editores Ltda.
vitale.com.br
Rua Raposo Tavares, 85 São Paulo SP
CEP: 04704-110 editora@vitale.com.br Tel.: 11 5081-9499

© Copyright 2003 by Irmãos Vitale Editores Ltda. - São Paulo - Rio de Janeiro - Brasil.
Todos os direitos autorais reservados para todos os países. *All rights reserved.*

CIP-BRASIL CATALOGAÇÃO NA FONTE
SINDICATO NACIONAL DOS EDITORES DE LIVROS, RJ

T638

Torneze, Rui
Cancioneiro de viola caipira, vol. 1
/ Rui Torneze - São Paulo : Irmãos Vitale, 2003
Música :

ISBN - 85-7407-169-2
ISBN - 978-85-7407-169-5

1. Música de viola.

I. Título

03-2297

CDD-787.2
CDU-787.2

27.10.03   29.10.03   004684

CRÉDITOS

Capa / Projeto Gráfico: Renato Ranzani Franco

Coordenação Editorial/Frets para viola: Claudio Hodnik

Produção Executiva: Sergio Vicente Vitale

Quadro / capa: "Caipira picando o fumo" - Almeida Junior

Cancioneiro de viola caipira

Introdução

Diante do inigualável universo da Música Popular Brasileira, a música tradicional caipira apresenta-se como uma das vertentes que mais representam a essência da formação étnica do povo brasileiro, ou seja, um cadinho onde estão misturadas as contribuições e influências culturais dos povos que aqui estavam, vieram ou "foram trazidos", e que tiveram na "viola caipira" seu instrumento de expressão e na lida dos afazeres do campo a inspiração natural de suas composições.

À época do Brasil colônia, devido ao incipiente costume dos ditos "homens brancos" de abrirem clareiras com suas ferramentas para construírem casas, vilas e plantações, os indígenas, alheios a essas práticas, os apelidaram de "caa-pira" (que cortam o mato). Como a viola (denominação de praticamente todos os cordofones até então em Portugal), era utilizada pelos jesuítas no processo de evangelização e o trabalho deles desenvolvia-se em comunidades a princípio isoladas, não tardou a associação do uso desse instrumento por esses pioneiros, por isso é chamada até hoje de "viola caipira".

A música caipira é uma manifestação espontânea do povo rural, que reflete o dia-a-dia do trabalho, do lazer, da sua religiosidade e de todas as relações sociais existentes nas comunidades interioranas. E continua viva porque também nas grandes capitais moram hoje muitos cidadãos que tiveram na vida rural as suas raízes, sejam nascidos no Brasil ou em outros países. A própria história da formação econômica do Brasil, mostra que o desenvolvimento deu-se por ciclos: extrativistas vegetais, minerais, agrícolas e industriais, e nessa mesma ordem a população dirigiu-se do litoral ao interior e depois fez o caminho inverso já na configuração dos aglomerados urbanos, principalmente a partir de meados do século XX. Diante desses fatos, a grande massa proletária urbana foi e é composta de caipiras. Basta notar ainda hoje a concentração de horários na radiodifusão dos programas específicos de música caipira, os quais são, em sua maioria, transmitidos de madrugada, quando as pessoas acordam e saem de casa para trabalhar e quando retornam (a partir das 17 horas).

A conotação de caipira é merecidamente associada a qualidade, aquilo que é puro ou especial. Bons exemplos são os "ovos caipiras" e a "comida caipira", relativamente caros, porém excelentes, assim como a referida música, singela nas suas harmonias e com grande sentimento e profundidade na poesia, tornando-as assim inesquecíveis e passíveis de atravessar os tempos, por sua originalidade e beleza.

Índice

Pagode de viola

Pagode em Brasília	13
Empreitada perigosa	14
Pagode do vira	15
Chora viola	16
Sete flexas	17
A coisa tá feia	18
Uma coisa puxa outra	19
Vacilou virou petisco	20
Tudo certo	21
Rei sem coroa	22
Bandeira branca	23
Mineiro de Monte Belo	24
O mundo no avesso	25
Pagode na praça	26
Pagode do Ala	27
Com Deus na frente	28
Rancho dos ipês	29
Começo do fim	30
Na barba do leão	31
Navalha na carne	32

A Toada

Maringá	35
Chuá, chuá	36
Amora	37
Chico Mineiro	38
Boiadeiro errante	39
Cabocla Tereza	40
Chitãozinho e Xororó	41
Meu velho pai	42
A caneta e a enxada	43
Pé de ipê	44
Pingo d'água	45

O Cururu

Cálix Bento	49
Proparoesquisítono	50
A bandeira do Divino	51
Ora viva São Gonçalo	52
Mundo velho	53
O menino da porteira	54
Reizado	55
Hino de Reis	56
Saudade de Araraquara	57
Encontro de bandeiras	58

O Cateretê

Carteiro	61
Amor de violeiro	62
Por ti padeço	63
Eu, a viola e Deus	64
Tristeza do Jeca	65
Vide, vida marvada	66

Moda Campeira

Meu cavalo zaino	69

A Guarânia

Você vai gostar	73
Saudade de minha terra	74
Chalana	75
Amanheceu, peguei a viola	76
Tocando em frente	77
Tardes morenas de Mato Grosso	78
Amargurado	79
Vale Verde	80
Cabecinha no ombro	81
Triste berrante	82
Cavalo bravo	83
Frete	84

Apresentação

Comparo a nossa música caipira às pedras preciosas. Ambas são oriundas da terra. Algumas florescem à superfície, parecendo que a natureza já as colocou ali para que possamos desfrutá-las de pronto. Outras, encontram-se nos filões mais recônditos e são trazidas à tona a custa de muito trabalho e genialidade. Mesmo quando rústicas e toscas nos impressionam pela imponência e originalidade da sua beleza. Quando lapidadas, revestem-se de um brilho ímpar, capaz de agradar aos mais refinados gostos.

Diante desse filão tão precioso, este trabalho tem a mesma satisfação de um garimpeiro ao exibir a pepita reluzente em sua batéia. Mostra-se também na intenção de revirar a terra, a nossa terra, mostrando ao mundo o que dela saiu.

Este trabalho busca suprir a necessidade de ensino e aprendizado sistemático da viola caipira, que antes se dava apenas pela tradição oral. Contribui assim para a popularização deste primeiro instrumento a chegar no Brasil pelas mãos dos jesuítas.

Assim como o compositor húngaro Bella Bartok o fez, registrando mais de quarenta mil músicas do seu povo camponês, a editora Irmãos Vitale, como sempre pioneira, preenche essa lacuna, brindando a nós, alunos, professores de viola caipira e cantadores de um modo geral, com um repertório direcionado aos ritmos da música raiz.

Façamos desta mais uma oportunidade para que a nossa música aprofunde suas raízes nas mãos e nos corações de nossos violeiros. Viva São Gonçalo!

Rui Torneze

Agradecimentos

À Secretaria de Estado da Cultura do Estado de São Paulo por manter dentro da Universidade Livre de Música "Tom Jobim" o curso de viola caipira, uma das poucas iniciativas oficiais de incentivo ao instrumento, formadora de boa parte da "mão-de-obra" da Orquestra Paulistana de Viola Caipira – OPVC.

A todos os integrantes da OPVC, os quais testaram na prática a aplicabilidade deste compêndio.

Ao Instituto São Gonçalo de Cultura Caipira, sede da OPVC, por nos prover de todo o material fonográfico do qual extraímos estas obras.

À Editora Irmãos Vitale por encarar essa empreitada em defesa da música caipira, em especial ao maestro Cláudio Hodnik, grande amigo e competente articulador de esforços.

Notas explicativas

As músicas aqui apresentadas foram extraídas diretamente através da auscurtação sistemática dos fonogramas disponíveis no mercado, com base nas gravações originais de seus autores, quando possível e aplicável.

Como é de costume, quando se trata de alterar a afinação da viola caipira com o objetivo de adequá-la à voz do cantador, transcrevemos essas obras baseando-nos na afinação "cebolão" em E (mi maior), tradicional no Sudeste, Meio-Oeste e Sul do Brasil. Sendo assim, se comparadas às gravações originais, muitas destas melodias poderão estar em tonalidades próximas (E♭, D), bastando adequar a relação "cebolão" para tais tons, assim como seus intérpretes faziam.

Em relação aos diversos toques, batidas ou levadas, procuramos listar aquilo que é mais tradicional ou mais observado dentro daquele ritmo. Porém, cabe dizer que por ser um instrumento que se desenvolveu no seio popular, através da tradição oral de aprendizado, podem estes toques apresentar pequenas variações regionais, mas sempre obedecendo à célula rítmica fundamental.

O pagode caipira

No tocante às músicas caipiras, denomina-se pagode o gênero estilizado por José Dias Nunes, o Tião Carreiro, através de uma maneira diferente de levada, desenvolvida durante uma viagem ao Norte do Paraná, em 1960. Segundo o próprio Tião, tal nome foi dado por Teddy Vieira e Lourival dos Santos quando lhes apresentou o ritmo. Apesar de relativamente recente, é um dos mais tradicionais e representativos ritmos da música de raiz. É também o mais "perseguido" pelos violeiros, os quais são considerados bons somente quando sabem executá-lo com maestria. Sua principal característica é a introdução instrumental bem elaborada e intrincada, que pode ser repetida entre uma estrofe e outra, ou a cada duas estrofes. Quando se toca o pagode com duas violas ou viola e violão, a viola secundária ou o violão executa concomitantemente um contra-ritmo, denominado Cipó Preto, também aqui apresentado.

Pagode de viola

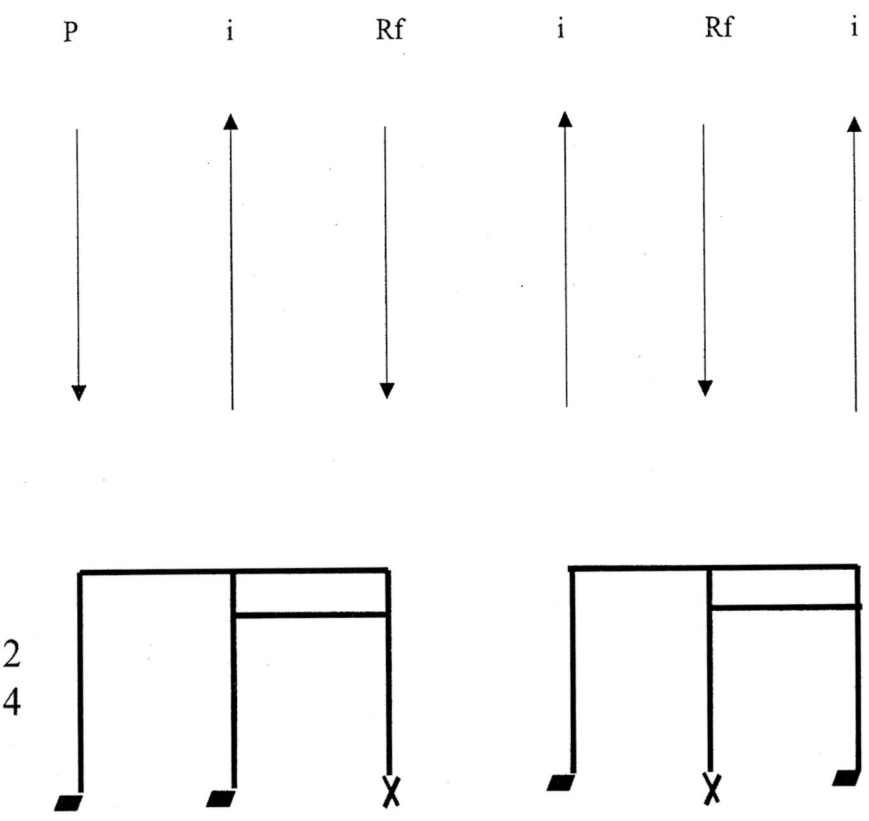

Pagode de viola
Cipó Preto estilo paulista

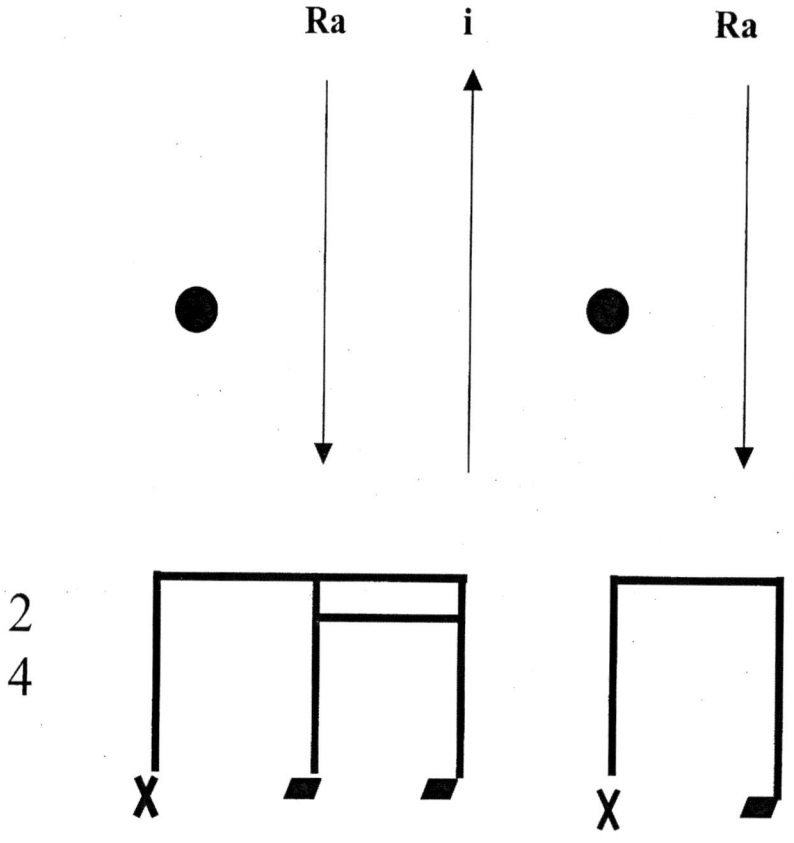

Cipó Preto estilo mineiro

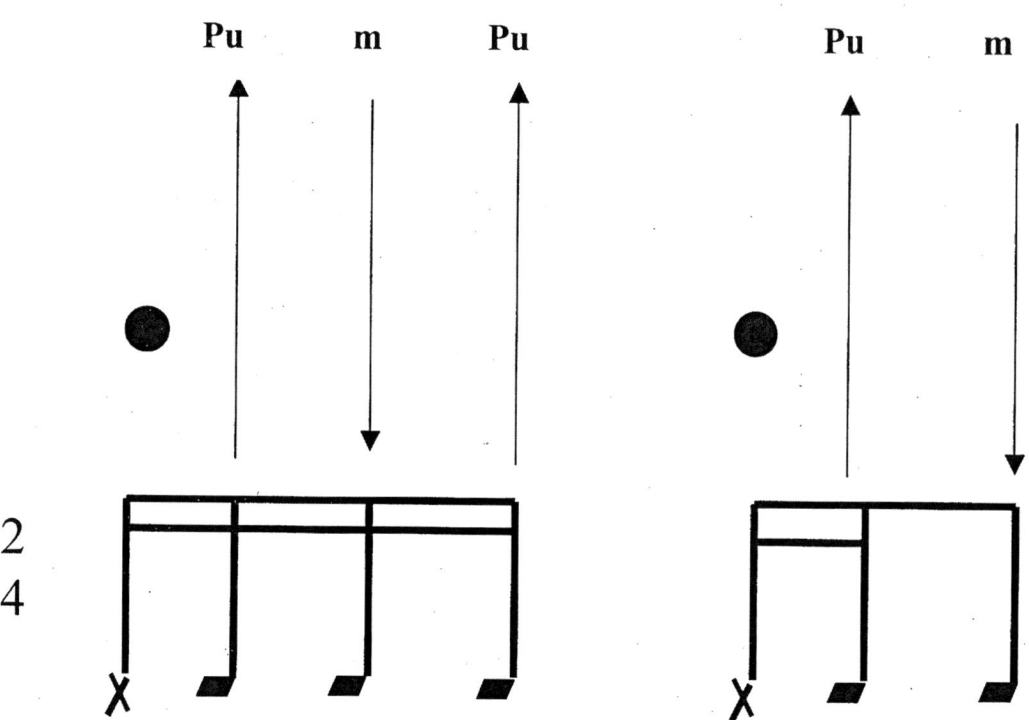

Pagode em Brasília

Teddy Vieira / Lourival dos Santos

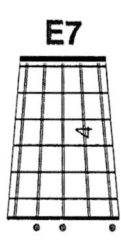

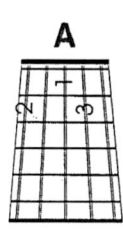

E   B7   E7   A

Intr.: E B7 E B7 E B7 E   B7 E 2x

  E
I. Quem tem mulher que namora
               B7
Quem tem burro empacador

Quem tem a roça no mato
             E B7 E
Me chama que jeito eu dou
      E7
Eu tiro a roça do mato
     A E7 A
Sua lavoura melhora
     B7
E o burro empacador
     E
Eu corto ele de espora
     B7
E a mulher namoradeira
              E   introd. (B7 E)
Eu passo o couro e mando embora

II. Tem prisioneiro inocente
      B7
No fundo de uma prisão

Tem muita sogra encrenqueira
             E B7 E
E tem violeiro embrulhão
     E7
Pro prisioneiro inocente
     A E7 A
Eu arranjo advogado
     B7
E a sogra encrenqueira
     E
Eu dou de laço dobrado
     B7
E os violeiro embrulhão
            E   introd. (B7 E)
Com os meu verso tão quebrado

III. Bahia deu Rui Barbosa
      B7
Rio Grande deu Getúlio

E Minas deu Juscelino
             E B7 E
E de São Paulo eu me orgulho
     E7
Baiano não nasce burro
     A E7 A
Gaúcho é o rei das coxilha
     B7
Paulista ninguém contesta
     E
É um brasileiro que brilha
     B7
Quero ver cabra de peito
            E   introd. (B7 E)
Prá fazer outra Brasília

IV. No estado de Goiás
     B7
Meu pagode tá mandando

E o bazar do Vardomiro
     E
Em Brasília é soberano
     E7
No repique da viola
     A E7 A
Balancei o chão goiano
     B7
Vou fazer a retirada
     E
Despedir dos paulistano
     B7
Adeus que eu já vou me embora
     E B7 E
Que Goiás tá me chamando

© Copyright 1995 by LATINO EDITORA MUSICAL LTDA (Adm. por Warner Chappell Edições Musicais Ltda.) (50%) ref. Lourival dos Santos.
© Copyright 1995 by BMG MUSIC PUBLISHING LTDA (50%) ref. Teddy Vieira.
Todos os direitos autorais reservados para todos os países. *All rights reserved.*

Empreitada perigosa

Moacyr dos Santos / Jacozinho

 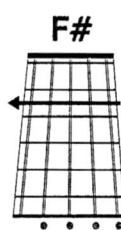 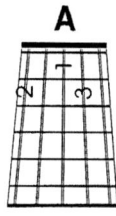 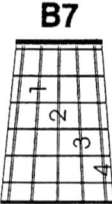 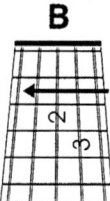

Intr.: **F# B A E B7 E**

    E
I. Já derrubamos o mato

Terminou a derrubada

Agora preste atenção

Meus amigo e camarada
    F#
Não posso levar vocês

Na minha nova empreitada
    B
Vou pagar tudo que devo
    E   **(introd.)**
E sair de madrugada
    E
A minha nova empreitada

Não tem mato nem espinho

Ferramentas não preciso

Guarde tudo no cantinho
    F#
Preciso de um cavalo

Bem ligeiro e bem mansinho
    B
Preciso de muitas balas
        E **(introd.)**
E de um Colt Cavalinho
    E
II. Eu nada tenho à perder

Prá minha vida eu não ligo

Mesmo assim eu peço à Deus

Que me livre do inimigo

    F#
A empreitada é perigosa

Sei que vou correr perigo
    B
É por isso que não quero
        E **(introd.)**
Nenhum de vocês comigo
    E
III. Eu vou roubar uma moça

De um ninho de serpente

Ela quer casar comigo

A família não consente
    F#
Já me deram um recado

Tão armado até os dentes
    B
Vai chover balas no mundo
        E **(introd.)**
IV. Se nós topar frente à frente
    E
Adeus, adeus preto velho

Zé Maria e Serafim

Adeus, adeus Paraíba

Mineirinho e Seu Joaquim
    F#
S'eu não voltar amanhã

Pode até rezar prá mim
    B
Mas se tudo der certinho
       E **A B E**
A menina tem que vir.

© Copyright 1973 by IRMÃOS VITALE S.A. INDÚSTRIA E COMÉRCIO.
Todos os direitos autorais reservados para todos os países. *All rights reserved.*

Pagode do vira

José Victor / João Gonçalves

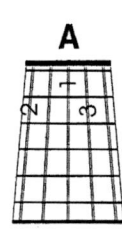

Intr.: **E B7 E B7 E B7 E B7 E**

E
I. O milho vira pipoca
  B7   **E**
E o frango vira galo

O cabrito vira bode
        B7
E o potro vira cavalo
A
E o bom vira ruim
  E   **A**
O ruim vira gostoso
B7   **E**
Covarde vira valente
B7   **E** **B7** **E**
Valente vira medroso
A
Já vi dançador de rock
    E   **A**
Que virou pro meu catira

Já vi cara verdadeiro
   E   **A**
Que virou para a mentira
B7
Vi guitarrista famoso
    E
Tocando viola caipira
    B7
Vi juventude cantando
   E
O meu pagode do vira

(refrão)

E
II. O rato vira morcego
  B7   **E**
Cria asas depois vôa

A menina vira moça
      B7
E a moça vira corôa
A
Vi pobre que vira rico
  E   **A**
Vi rancho virar mansão
B7   **E**
O craque vira perneta
  B7   **E** **B7** **E**
Perdedor vira campeão   **(refrão)**
   E
III. O menino vira velho
  B7   **E**
O velho vira menino

O homem que fala grosso
      B7
Quando vira fala fino
A
O que vira professor
  E   **A**
É aluno inteligente
B7   **E**
A mulher quando é bonita
  B7   **E** **B7** **E**
Vira a cabeça da gente   **(refrão)**

© Copyright 1998 by PEERMUSIC DO BRASIL EDIÇÕES MUSICAIS LTDA. (50%) ref. José Victor.
© Copyright 1998 by SOC. IND. DE COMP. E AUTORES MUSICAIS LTDA-SICAM (50%) ref. João Gonçalves.
Todos os direitos autorais reservados para todos os países. *All rights reserved.*

Chora viola

Tião Carreiro / Lourival dos Santos

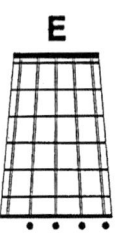

Intr.: **E7**

E7
I. Eu não caio do cavalo,

nem do burro e nem do galho

Ganho dinheiro cantando

a viola é meu trabalho
     A
No lugar onde tem seca
     B7 B7 A B7
eu de sede lá não caio
     E   B7
Levanto de madrugada e bebo
   E
pingo de orvalho, chora viola !
E7
II. Não como gato por lebre,

não compro cipó por laço

Eu não durmo de botina,

não dou beijo sem abraço
   A
Fiz um ponto lá na mata
    B7 B7 A B7
caprichei e dei um nó
    E
Meus amigos eu ajudo,
 B7   **E**
inimigo tenho dó, chora viola !

E7
III. A lua é dona da noite

e o sol é dono do dia

Admiro as mulheres que

gostam de cantoria
    A
Mato a onça e bebo o sangue,

furo a terra e tiro o ouro
        E
Quem sabe agüentar saudade,
 B7   **E**
não agüenta desaforo, chora viola !
E7
IV. Eu ando de pé no chão,

piso por cima da brasa

Quem não gosta de viola

que não ponha o pé lá em casa
    A
A viola está tinindo
      B7 B7 A B7
o cantador tá de pé
    E
Quem não gosta de viola,
 B7   **E**
brasileiro bom não é, chora viola !

Sete flexas

Tião Carreiro / Lourival dos Santos / Zé Mineiro

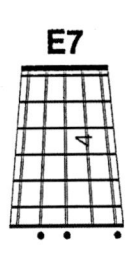

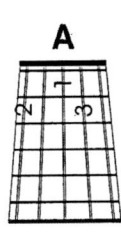

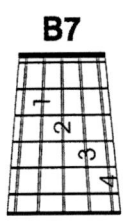

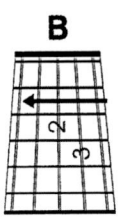

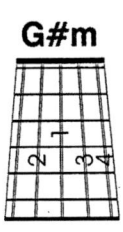

E   E7   A   B7   B   G#m

Intr.: E E7 A B7 E B A G#m B7 E B7 E B7 E

   E7   A
I. Quem é bom já nasce feito,
      E7   A
quem é ruim só atrapalha
 B7
Eu bato logo no burro
          E
e não bato na cangalha

Entrei numa guerra dura,

fiz virar fogo de palha
 B7
Fiz virar cartão de prata,
                B7 A B7
punhal , espada e navalha
          E
Bala bateu no meu peito,
 B7   E   B7 E (introd.)
derreteu virou medalha
    E7   A
II. Prá dar fim na minha vida
      E7   A
prepararam uma cilada
 B7
Fui à noite num banquete
           E
com champanhe envenenada

Deus é pai não é padrasto

ganhei mais uma parada
 B7
A taça que era minha
             B7 A B7
foi parar em mão trocada
          E
Quem me preparou veneno
 B7   E   B7 E (introd.)
foi morrer de madrugada

   E7   A
III. Eu recebi um presente
     E7   A
numa caixa de sapato
 B7
Uma cobra venenosa
         E
que pegaram lá no mato

É dessas cobra que morde

quando não aleja mata
 B7
O meu nome é Sete Flecha
              B7 A B7
nó que eu dou ninguém desata
          E
Bati os olhos na cobra
 B7   E   B7 E. (introd.)
transformei numa gravata
    E7   A
IV. Coloquei a tal gravata
      E7   A
que o falso amigo mandou
 B7
Fui passear na casa dele
         E
desse jeito ele falou

Meu Deus que gravata linda

na gravata ele pegou
 B7
A gravata deu um bote
          B7 A B7
e na mão dele picou
         E
A gravata lhe mordeu
 B7   E   B7 E (introd.)
foi a cobra qu'ele mandou.

© Copyright 1977 by LATINO EDITORA MUSICAL LTDA (Adm. por Warner Chappell Edições Musicais Ltda.)
Todos os direitos autorais reservados para todos os países. *All rights reserved.*

A coisa tá feia

Tião Carreiro / Lourival dos Santos

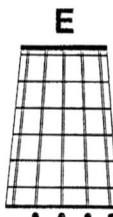 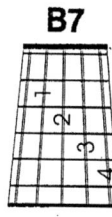 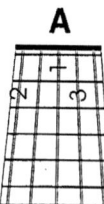 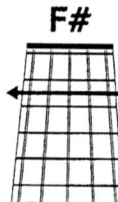

Intr.: E B7 E B7 E B7 E B7 E

```
  E            B7
I. Burro que fugiu do laço
            E
Tá debaixo da roseta
              B7
Quem fugiu do canivete
          E
Foi topar com baioneta
  A
Já está no cabo da enxada
            B7   B7 A B7
Quem pegava na caneta

Quem tinha mãozinha fina

Foi parar na picareta
         E
Já tem doutor na pedreira
  B7      E    B7 E
Dando duro na marreta
         F#              B7
A coisa tá feia, a coisa tá preta,
                     E
Quem não for filho de Deus            (refrão)
  B7         E    B7 E
Tá na unha do capeta    (introd.)
              B7
II. Criança na mamadeira
         E
Já tá fazendo careta
          B7
Até o leite das crianças
         E
Virou droga na chupeta
  A
Já está pagando o pato
           B7  B7 A B7
Até filho de proveta

Mundo velho é uma bomba

Girando nesse planeta
                E
Qualquer dia a bomba estoura
```

```
    B7          E   B7 E (refrão)
É só relar na espoleta
                  B7
III. Quem dava caixinha alta
          E
Já está cortando a gorjeta
               B7
Já não ganha mais esmola
          E
Quem andava de muleta
  A
Faz mudança na carroça
          B7  B7 A B7
Quem fazia na carreta

Colírio de dedo-duro

É pimenta malagueta
         E
Sopa de caco de vidro
  B7         E    B7 E (refrão)
É banquete de cagüeta
                   B7
IV. Quem foi o rei do baralho
         E
Virou trouxa na roleta
            B7
Gavião que pegava cobra
          E
Já foge de borboleta
  A
Se o Picasso fosse vivo
           B7  B7 A B7
Ia pintar tabuleta

Bezerrada de gravata

Que se cuide não se meta
            E
Quem mamava no governo
  B7     E    B7 E
Agora secou a teta
```

© Copyright 1983 by LATINO EDITORA MUSICAL LTDA (Adm. por Warner Chappell Edições Musicais Ltda.)
Todos os direitos autorais reservados para todos os países. *All rights reserved.*

Uma coisa puxa outra

Lourival dos Santos / Tião Carreiro / Cláudio Balestro

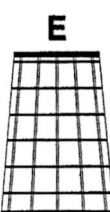 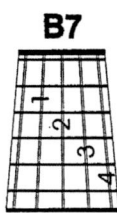 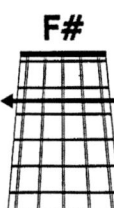 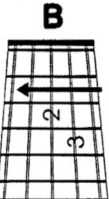

Intr.: E B7 E B7 E 2x B7 E 2x

```
       E
I. O machado sem o cabo
       B7              E
Não bota a mata no chão
       B7              E
Comandante sem soldados
       B7              E
Não forma seu batalhão
       F#              B
Sem bagunça e sem baderna
       F#         B   B F# B
Quero ver minha nação
       E
Uma coisa puxa a outra
       B7              E
Vai aqui minha opinião
       B7              E
Traidor da minha Pátria
       B7              E
Não merece o meu perdão

II. Sem o policial na rua
       B7              E
Não trabalha o escrivão
       B7              E
Sem juiz, sem delegado
       B7              E
Não existe a prisão
       F#              B
O juiz e o delegado
       F#         B   B F# B
Faz a lei entrar em ação
       E
Uma coisa puxa a outra
       B7              E
Vai aqui minha opinião
       B7              E
O malandro vira santo
       B7              E
Quando o advogado é bom

III. Sem o animal de raça
       B7              E
Não existe exposição
       B7              E
Sem disputa e sem torneio
       B7              E
Não existe campeão
       F#              B
Sem boiada e sem tropa
```

```
       F#         B   B F# B
Não tem festa de peão
       E
Uma coisa puxa a outra
       B7              E
Vai aqui minha opinião
       B7              E
O rodeio no Brasil
       B7              E
Dá um show de tradição

IV. Sem o braço do caboclo
       B7              E
Não existe produção
       B7              E
Não tem soja não tem trigo
       B7              E
Nem arroz e nem feijão
       F#              B
Sem auxílio da lavoura
       F#         B   B F# B
Não vai nada pro fogão
       E
Uma coisa puxa a outra
       B7              E
Vai aqui minha opinião
       B7              E
Que seria da cidade
       B7              E
Sem ajuda do sertão

V. Sem trabalho e sem luta
       B7              E
A gente não ganha o pão
       B7              E
Sem preguiça e sem moleza
       B7              E
A gente vira patrão
       F#              B
Pra quem gosta de moleza
       F#         B   B F# B
Eu dou sopa de algodão
       E
Uma coisa puxa a outra
       B7              E
Vai aqui minha opinião
       B7              E
Todos que vivem na sombra
       B7              E
Derramou suor no chão
```

© Copyright 1977 by LATINO EDITORA MUSICAL LTDA (Adm. por Warner Chappell Edições Musicais Ltda.) (66,66%) ref. Lourival dos Santos e Tião Carreiro.
© Copyright by PEERMUSIC DO BRASIL EDIÇÕES MUSICAIS LTDA (33,33%) ref. Cláudio Balestro.
Todos os direitos autorais reservados para todos os países. *All rights reserved.*

Vacilou virou petisco

Tião Carreiro / Zé Batuta / Toninho

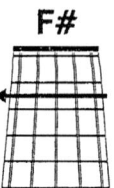 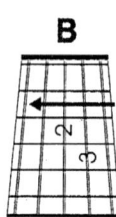 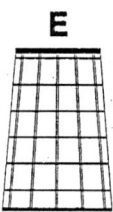 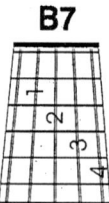 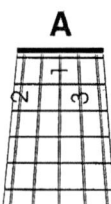 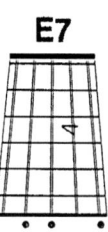

Intr.: F# B F# B E B7 E B7 E

```
         A
I. Nas noites de cantoria
        E7          A
Eu não bebo e não lambisco
       B7       E
Onde tem mulher bonita
          B7       E    B7 E
Cantando prá ela eu pisco
        F#        B
Mas se a dona for casada
       F#      B
Nem um olhar eu arrisco
       B7       E
Nos olhos do seu marido
 B7          E      B7 E (introd.)
Eu não quero ser o cisco
          A
II. No meio da mata virgem
          E7       A
Mora um bicho mais arisco
      B7          E
Na frente do bicho grande
      B7       E   B7 E
O pequeno corre o risco
      F#       B
Na boca do tubarão
     F#      B
Vacilou, virou petisco
     B7        E
A maré bate na rocha
 B7              E  B7 E  (introd.)
Quem sofre mais é o marisco
```

```
         A
III. Eu ando meio devagar
         E7          A
Mas penso igual um corisco
       B7       E
Eu faço tremer a terra
      B7       E    B7 E
Quando na viola eu risco
       F#           B
Quem enfrentou tempestade
      F#          B
Não vai correr do chuvisco
       B7       E
Bem na boca da serpente
 B7              E    B7 E (introd.)
No veneno é que eu belisco
         A
IV. Lá na Serra da Canastra
          E7              A
Que nasce o Rio São Francisco
       B7       E
Na cabeça do poeta
      B7            E  B7 E
Nasce os versos que eu rabisco
       F#       B
Rima de amor com dor
       F#         B
No meu caderno eu confisco
       B7       E
Escolho rimas bonitas
 B7              E   B7 E
Prá cantar e por no disco
```

© Copyright 1986 by LATINO EDITORA MUSICAL LTDA (Adm. por Warner Chappell Edições Musicais Ltda.)
Todos os direitos autorais reservados para todos os países. *All rights reserved.*

Tudo certo

Tião Carreiro / Moacyr dos Santos

 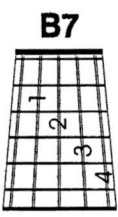 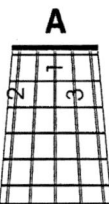

Intr.: E B7 E B7 E B7 E B7 E (B7 E B7 E)

```
     E
I. Jacaré carrega serra
        B7         E
   mas nunca foi carpinteiro

   E o bode também tem barba
                       B7
   e não precisa ir ao barbeiro
    A
   Galo também tem espora
         E       A
   mas nunca foi cavaleiro
   B7          E
   Sabiá canta bonito e
    B7           E
   não pode ser violeiro
   B7
   Vigário faz casamento
              E     (introd.)
   mas vive.... tudo sortero

II. Lua nova é bonita
        B7        E
    não precisa usar pintura

    Também a boca da noite
               B7
    nunca teve dentadura
     A
    Eu sei que o braço do mar
       E         A
    não pode sofrer fratura
    B7            E
    Navio também tem casco e
      B7        E
    não precisa ferradura
     B7
    O engenho faz garapa
                E    (introd.)
    mas não come... a rapadura

III. Aprendi dançar catira
         B7             E
     mas não sei dançar tuíste

     O meu carro também canta
               B7
     e o seu cantar é triste
      A
     Tem violeiro que não vai
```

```
         E         A
    mas da viola não desiste
       B7          E
    Prego também tem cabeça
        B7       E
    e nunca teve sinusite
      B7
    Chaleira também tem bico
                    E   (introd.)
    mas não pode... comer alpiste

IV. Eu não sou muito esperto
         B7          E
    mas também não sou otário

    Minhas contas eu não pago
         B7
    junto prá fazer rosário
      A
    Relógio trabalha tanto
         E          A
    e nunca recebeu salário
      B7         E
    João de Barro fez a casa
        B7          E
    hoje ele é proprietário
     B7
    Papagaio fala muito
                    E   (introd.)
    e não conhece...o dicionário

V. Garrincha tem perna torta
         B7          E
   mas foi o mais aplaudido

   Meu carro tem pé redondo
           B7
   que faz o rastro comprido
     A
   Serrote também tem dente
         E        A
   e não come nada cozido
     B7        E
   O martelo tem orelha
        B7       E
   e não sofre dor de ouvido
     B7
   As menina dos meus olho
                  E  B7  E
   não precisa... usar vestido
```

© Copyright 1970 by SERESTA EDIÇÕES MUSICAIS LTDA.
Todos os direitos autorais reservados para todos os países. *All rights reserved.*

Rei sem coroa

Tião Carreiro / Sebastião Victor Pereira

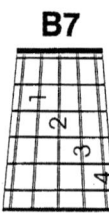

Intr.: E B7 E B7 E B7 E

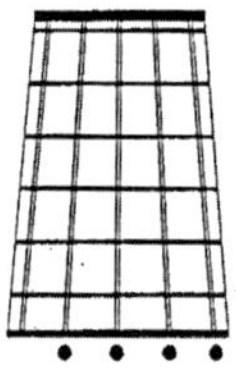

E
I. Nos lugar que tem violeiro

E bãos catireiro eu me sinto bem

Gosto do cateretê
                     B7
Canto com prazer cururu também

Gosto de moda campeira,

Xote, rancheira como ninguém
      E
Prá completar a coleção veja o
  B7   E B7 E (introd.)
Batidão que o pagode tem !

II. Vamo mostrar para o povo

Este estilo novo especializado

Cantar com prazer nóis pode
                  B7
Por que o pagode já está afamado

É bonito a gente vê

Dois pinho gemê bem arrepicado
   E
Misturado no dueto
       B7   E B7 E (introd.)
Do nosso peito bem afinado

III. Não se aprende nas escola

O tocar da viola e os desembaraço

Veja só quanta beleza
                B7
É por natureza o cantar dos "passo"

Você diz que é cantador

Teve professor

Mas tu é um fracasso
  E
Já tenho visto peão
  B7
Com fama de bão
              E   B7 E (introd.)
Mas ser ruim de laço

IV. Quem canta seus mal espanta

A tristeza vai, a alegria vem

Não seja assim tão gavola
                  B7
Pegue na viola e cante também

Violeiro meia pataca

Da sua marca tem mais de cem
  E
Amigo cante direito e note
      B7   E B7 E (introd.)
Os defeito que você tem

V. No nosso Brasil glorioso

Tem o famoso rei do café

O afamado rei do gado
             B7
Nem é preciso dizer quem é

Nóis semo rei do pagode

Enquanto na bola o rei é Pelé
  E
Você canta e não entoa
      B7   E B7 E
Rei sem corôa firme seu pé !!

© Copyright 1976 by LATINO EDITORA MUSICAL LTDA (Adm. por Warner Chappell Edições Musicais Ltda.)
Todos os direitos autorais reservados para todos os países. *All rights reserved.*

Bandeira branca

Tião Carreiro / Lourival dos Santos

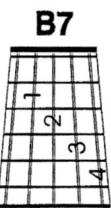

Intr.: E B7 E B7 E B7 E   B7 E 2x

I. Vou contar o que nunca vi

Pró sertão e pra cidade

Nunca vi guerra sem tiro

E nem cadeia sem grade
    B7
Nunca vi um prisioneiro

Que não queira liberdade
E
Nunca vi mãe amorosa
    B7   **E** **B7 E**
Do filho não ter saudade

II. Nunca vi homem pequeno

Que ele não fosse papudo

Eu nunca vi um doutor

Fazer falar quem é mudo
    B7
Nunca vi um boiadeiro

Carregar dinheiro miúdo
E
Nunca vi homem direito
    B7   **E** **B7 E (introd.)**
Visti calça de veludo

III. Nunca vi um carioca

Que não fosse bom sambista

Nunca vi um pernambucano

Que não fosse bom passista
    B7
Nunca vi um paraibano

Que não fosse repentista
E
Nunca vi um deputado
    B7   **E** **B7 E**
Apanhar de jornalista

IV. Nunca vi um paulista

Da vida se mar dizendo

Nunca vi um paranaense

Que não esteja enriquecendo
    B7
Eu nunca vi um baiano

No facão saí perdendo
E
Eu nunca vi um mineiro
    B7   **E** **B7 E (introd.)**
Da luta saí correndo

V. Nunca vi um catarinense

Depois de velho aprendendo

Nunca vi um matogrossense

De medo anda tremendo
    B7
Eu nunca vi um gaúcho

Prá laçá precisar treino
E
Eu nunca vi um goiano
    B7   **E** **B7 E**
Por paixão beber veneno

VI. Nunca vi um fazendeiro

Andar em cavalo que manca

Prá fechar boca de sogra

Não vi chave, não vi tranca
    B7
Prá terminar meu pagode

Vou falar botando panca
E
Quero ver meus inimigos
    B7   **E** **B7 E**
Levantar bandeira branca

© Copyright 1976 by LATINO EDITORA MUSICAL LTDA (Adm. por Warner Chappell Edições Musicais Ltda.)
Todos os direitos autorais reservados para todos os países. *All rights reserved.*

Mineiro de Monte Belo

Lourival dos Santos / Serrinha

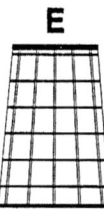 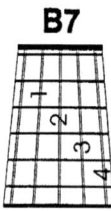 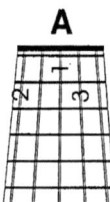

Intr.: E B7 A B7 E B7 E

```
  E
I. Na beirada do telhado
       B7
É morada do cuitelo

Sanhaço tem pena verde
         E
Mora no pé de marmelo

No galho da laranjeira
        B7   B7 A B7
Sabiá peito amarelo

No braço desta viola
        E
Mineiro de Monte Belo
  A
Quando eu entro num catira
     B7          E  B7 E  (introd.)
Os meus pés são dois martelo

II. A onça mora no mato
           B7
Só sai prá pegar o vitelo

Os pés de moça bonita
          E
Moram dentro do chinelo

O rei e a rainha
           B7   B7 A B7
Moram dentro do castelo

Minha voz mora no peito
           E
Por isso me acautelo
  A
Eu não canto no sereno
     B7      E   B7 E  (introd.)
Pela minha voz eu zelo
```

```
III. Casamento é coisa boa
              B7
Dois unidos por um elo

Eu estou apaixonado
         E
Só agora eu me revelo

Ela tem dois irmão bravo
          B7   B7 A B7
Eu amanso, depois trelo

Amanhã eu levo ela
           E
Antes meu cavalo eu selo
  A
A viagem é perigosa
     B7          E  B7 E  (introd.)
Eu arrisco e não cancelo

IV. Cinturão cheio de bala
             B7
Levo faca e Parabello

Se eu perder no ferro frio
          E
Pró pau-de-fogo eu apelo

Meu dedo não tem juízo
          B7   B7 A B7
No gatilho quando eu relo

Caboclo do sangue quente
           E
É na bala que eu gelo
  A
Mineira vamos embora
     B7          E  B7 E
Que eu venço qualquer duelo
```

© Copyright by ASSOCIAÇÃO DEFENSORA DOS DIREITOS AUTORAIS FONOMECÂNICOS-ADDAF.
Todos os direitos autorais reservados para todos os países. *All rights reserved.*

O mundo no avesso

Lourival dos Santos / Tião Carreiro

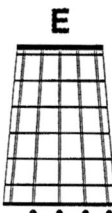 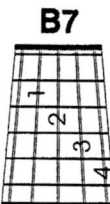 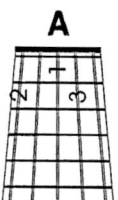 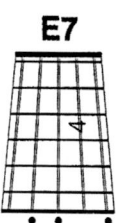

Intr.: E B7 E B7 E   B7 E

I. O mundo já está no avesso
```
            B7
```
No avesso eu dou embalo

Carneiro comendo o leão
```
              E   E7
```
E o pinto matando o galo
```
A
```
Cavaleiro vai por baixo
```
          B7
```
Por cima vai o cavalo

É sapo engolindo cobra
```
              E   E7
```
E o coco quebrando o ralo
```
A
```
É mulher virando homem
```
      B7
```
Homem virando mulher
```
      E     B7   E    B7     (refrão)
```
Do jeito que o diabo gosta, tá
```
                E
```
Do jeito que o diabo quer

II. O mar não tá pra peixe
```
          B7
```
A vida tá um caso sério

Eu já estou vendo defunto
```
               E   E7
```
Indo à pé pro cemitério
```
A
```
O touro mata o toureiro
```
          B7
```
Soldado prende o sargento

Banana come o macaco
```
              E   E7
```
E a cobra morde São Bento **(refrão)**

III. Já tem criança nascendo
```
             B7
```
Cobre a enfermeira no tapa

Onde é que nós estamos
```
              E   E7
```
Tentaram matar o Papa
```
A
```
A cruz foge do diabo
```
          B7
```
Cachorro foge do gato

Tem queijo treinando boxe
```
                E   E7
```
Prá quebrar a cara do rato **(refrão)**

IV. Qualquer dia a lua esquenta
```
             B7
```
Qualquer dia o sol esfria

O sol vai andar de noite
```
              E   E7
```
Caminha a lua de dia
```
A
```
O inquilino não paga
```
          B7
```
E na casa continua

Empregado já tem força
```
                E   E7
```
Prá jogar patrão na rua

© Copyright 1986 by LATINO EDITORA MUSICAL LTDA (Adm. por Warner Chappell Edições Musicais Ltda.)
Todos os direitos autorais reservados para todos os países. *All rights reserved.*

Pagode na praça

Jorge Paulo / Moacyr dos Santos

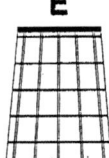
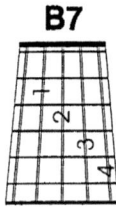

Intr.: E B7 E B7 E 2x   B7 E

      B7
I. Fazer moda é meu vício

Viola é minha cachaça
  E
No batido do pagode

Meus dedo não embaraça
            B7
Quando eu passo a mão na viola

Faço levantar fumaça
  E
O pagode no momento
 B7   **E**
Tá sendo dono da taça

Porque o povo está gostando

Eu também tô caprichando

De vez em quando sortando
    B7   **E B7 E**
Um pagode bão na praça
      B7
II. A sina de um cantador

É somente Deus quem traça
     E
Pra ser um bão violeiro

Não pode fazer ruaça
  B7
Precisa deixar o nome

No lugar aonde passa
  E
Só cantando moda boa
 B7   **E**
Pra agradar a grande massa

Da sorte nóis não reclama

Eu zelo por nossa fama

Aonde o povo me chama
  B7   **E (introd.)**
Tem pagode bão na praça

      B7
III. Quem quisé cantá pagode

Mostre sangue, mostre raça
  E
Se não for pra ser bem feito

Peço à vocês que não faça
 B7
O batido do pagode

Eu ensino até de graça
  E
Quem canta pagode certo
 B7   **E**
Pode crer que não fracassa

Meu pagode é brasileiro

Dá nome pra violeiro

Quem quisé ganhar dinheiro
  B7   **E B7 E**
Põe pagode bão na praça
    B7
IV. É preciso ter amor

Na profissão que abraça
  E
Tenho um capricho comigo

Levo ele por pirraça
 B7
Moda roubada eu não gravo

Nóis não pega e nem laça
  E
Vou lutar com meu colegas
 B7   **E**
Luta limpa sem trapaça

Minha viola nunca falha

Ganhei flores e medalhas

E o troféu chapéu de palha
  B7   **E B7 E**
Com pagode bão na praça.

© Copyright 1969 by EDITORA IMPORTADORA MUSICAL FERMATA DO BRASIL.
Todos os direitos autorais reservados para todos os países. *All rights reserved.*

Pagode do Ala

Carreirinho / Oscar Tirola

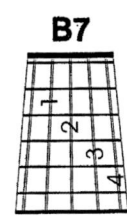

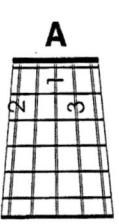

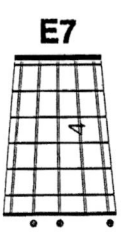

E   B7   A   E7

Intr.: (B7 E B7 E A E B7 E B7 E) 2x

```
     E7                  A    E7 A
I. As flores quando é de manhã cedo
     B7           E
O seu perfume no ar exala
                            B7
A madeira quando está bem seca
                          E
Deixando no sol bem quente estala
     B7
Dois baiano brigando de facão

Sai fogo quando o aço resvala
     E       E7      A
Os namoro de antigamente
     E        B7     E B7 E
Espiava por um buraco na sala.
         E7              A    E7 A
II. As pessoa que são muda e surda
      B7          E
É por meio de sinal que fala
               B7
Os granfino de antigamente
                    E
Quase que todos usava bengala
     B7
A mochila de peão é um saco

A coberta do peão é o pala
     E        E7      A
Os casamento de roça tem festa
     E            B7   E B7 E ( introd.)
Ocasião que o pobre se arregala
         E7                A  E7 A
III. Preste atenção que o reio dói mais
      B7          E
É aonde ele pega a tala
              B7
Divisa de terra antigamente
                E
Não usava cerca era vala
```

```
         B7
Naturalmente um bom jogador

Todo jogo ele está na escala
     E       E7       A
Uma flor é diferente da outra
     E7       B7    E B7 E
Pro cuitelo seu valor iguala
         E7              A  E7 A
IV. Caipira pode estar bem vestido
     B7          E
Ele não entra em bale de gala
                         B7
Pra carregar o "fuzir" tem pente
                         E
Garrucha e o "revorvi" tem bala
     B7
O valentão tá "rastando" a asa

Mas quando vê a polícia cala
     E       E7      A
"Dispista" e sai devagarinho
     E            B7   E B7 E
Quando quebra a esquina abre ala  (introd.)
         E7              A  E7 A
V. Pra "fazê viage a bagage"
     B7          E
Geralmente o que se usa é mala
                     B7
A baiana pra "fazê" cocada
                     E
Primeiramente o coco se rala
     B7
No papel o turco "faiz" rabisco

E diz que escreveu a Abdala
     E       E7          A
As pessoas que morrem na estrada
     E        B7     E
Por respeito uma cruz assinala.
```

© Copyright 1970 by IRMÃOS VITALE S.A. INDÚSTRIA E COMÉRCIO.
Todos os direitos autorais reservados para todos os países. *All rights reserved.*

Com Deus na frente

Zé Batuta / Júlio Guidini / Sonivaldo / Rodrigues

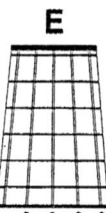 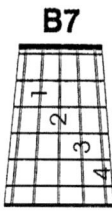 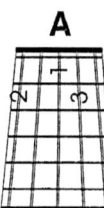 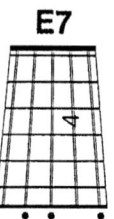

Intr.: E B7 E B7 E B7 E

I. O poder de Deus é grande
         B7
é força que não esgota

Eu ando com Deus na frente
         E E7
pro azar não dou pelota
A
Vou colado com a sorte
      B7 A B7
igual caibro na vigota

Dei um chute na miséria
      E (introd.)
fiz ela virar cambota

II. Eu ando com Deus na frente
        B7
e achei o ninho da nota

Meu dinheiro vai pro banco,
      E B7
funcionário empacota
A
O gerente é gente fina
     B7 A B7
é seda que não desbota

Quem tem o gerente amigo
     E (introd.)
não cai na mão de agiota

III. Eu ando com Deus na frente
      B7
vou indo na maciota

Eu planto na terra seca
     E E7
sem chuva semente brota
A
Tiro água do deserto seco
    B7 A B7
lago lá na grota

Fiz um bando de urubu
      E (introd.)
virá um bando de gaivota

IV. Meu pagode linha reta
     B7
não sai um palmo da rota

A mão direita ponteia
     E E7
dança os dedos na canhota
A
O meu peito é uma jamanta
    B7 A B7
que não transporta derrota

Lotadinha de sucesso
     E (introd.)
desce a serra e não capota

Rancho dos ipês

Lourival dos Santos

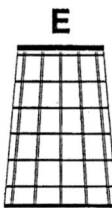
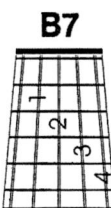
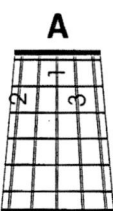

Intr.: E B7 E B7 E B7 E B7 E B7 E B7 E

    B7   E
I. Lá no Rancho dos Ipê

um dia fui convidado
  B7   E
Prá passar um fim-de-semana
      B7
no interior do meu estado

Quatro dias quatro noite

que até hoje são lembrado
A
Eu parecia um rei
 B7   E
do jeito que fui tratado
  B7   E
Eu passei horas contente,
     B7
só havia ali presente
          E (introd.)
gente boa do meu lado
  B7   E
II. Lá no Rancho dos Ipê

onde fiquei hospedado
    B7   E
É o recanto da beleza
      B7
é um jardim encantado

Os ipês quando floresce

tudo ali fica dourado
A
Parece o céu na terra
    B7   E
que por Deus foi preparado
 B7   E
Neste céu o que mais brilha
    B7
são garrotes e novilha
         E (introd.)
pelos campo esparramado

    B7   E
III. A bonita Exaporã

fica logo ali pegado
  B7   E
É a terra dos Gonçalves
      B7
que caiu no meu agrado

O Joãzinho e o Zezinho

dois negociante de gado
A
Seu Luís é o pai dos moço,
  B7   E
um senhor considerado
 B7   E
A família tem talento,
        B7
tem milhões de movimento
        E (introd.)
fora os capital parado
  B7   E
IV. Para o Rancho dos Ipê

um dia quero voltar
  B7   E
Rever muita gente boa
      B7
a saudade eu vou matar

A minha esperança é verde,

eu não deixo madurar
A
Mais tarde ou mais cedo
 B7   E
de novo vou visitar
  B7   E
Amigo Gerardo Prado
      B7
vai meu abraço apertado
         E (introd.)
bem antes de eu ir por lá

© Copyright 1973 by SERESTA EDIÇÕES MUSICAIS LTDA.
Todos os direitos autorais reservados para todos os países. *All rights reserved.*

Começo do fim

Moacyr dos Santos / Tião Carreiro / Lourival dos Santos

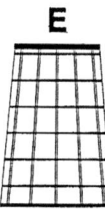 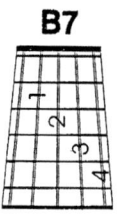 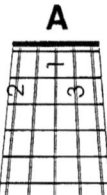

Intr.: E B7 E B7 E B7 E B7 E

```
         B7              E
I. Prá cantar gostoso de longe eu vim
                         B7
Pagode bonito tem que ser pra mim
            A           E
O fim do começo, tem que ser assim
             B7            E   B7  E   Intr.
O que tem começo, tem que ter um fim
               B7          E
II. Lá no fim do sul, começo do norte
                          B7
Fim da colheita, começa o transporte
           A            E
O fim da boiada começa no corte
             B7             E   B7  E  Intr.
O fim do azar é o começo da sorte
                  B7          E
III. Bem no fim do cabo começa o reio
                      B7
E no fim da rédea começo do freio
                 A          E
No fim da confiança começa o receio
             B7              E   B7  E  Intr.
O fim da metade é o começo do meio
                B7         E
IV. No fim da cachaça vem a gandaia
                     B7
E no fim do mar começo da praia
              A         E
É no fim do joelho começo da saia
            B7            E   B7  E  Intr.
O fim do artista é o começo da vaia
```

© Copyright 1976 by LATINO EDITORA MUSICAL LTDA (Adm. por Warner Chappell Edições Musicais Ltda.)
Todos os direitos autorais reservados para todos os países. *All rights reserved.*

Na barba do leão

Lourival dos Santos / Priminho

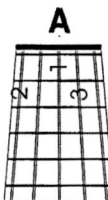

Intr.: E B7 E B7 E   B7 E

(refrão)   **B7**
Vai pagode vai pagode

encher o mundo de beleza
      E
Levando só alegria
      B7 E   E7
pra dá tombo nas tristeza

I. Meu pagode é um foguete
    A
prepare prá explosão
 B7   **E**
Ele sai na base quente
   B7   **E**
com capricho e perfeição
       B7
Um pagode só tem força
     A B7
quando sai num peito bão
 E
Meu pagode onde passa
    B7
é só fogo sem fumaça
      E B7 E
Deixa saudade é paixão
Intr.
Refrão:
   E7
II. Meu pagode sai tinindo
    A
que some na imensidão
 B7   **E**
Levando só alegria

  B7   **E**
na onda de uma estação
    B7
O controle está na viola
    A B7
no peito de fogazão
 E
Meu pagode num segundo
    B7
vai até no fim do mundo
    E
Mas estou na direção
Intr.
Refrão:
  E7
III. Passo por cima das nuvens
    A
Esbarrando no trovão
 B7   **E**
Desço no pingo da chuva
 B7   **E**
bem no risco de clarão
    B7
Tira água do deserto,
   A B7
faço no areião
E
Eu venho de um lugar quente
   B7
Sou vizinho da serpente
     E B7 E
Moro na barba do leão

Navalha na carne

Tião Carreiro / Lourival dos Santos

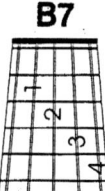 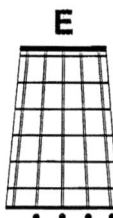 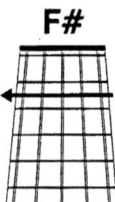

Intr.: **B7 E B7 E F# B7**

B7
I. É muita navalha na minha carne,

é muita espada pra me furá

Muitas lambadas na minhas costas,

é muita gente pra me surrá

É muita pedra no meu caminho,
                            E
é muito espinho pra eu pisá
    B7   **E**
É muita paixão e, muito desprezo,
           B7   **E F# B7 (introd.)**
não há coração que possa agüentá
 B7
II. É muito calo na minha mão,

é muita enxada pra eu puxá

É muita fera me atacando,

é muita cobra pra mi picá

É muito bicho de paletó,
                     E
estão de tocaia pra me pegá
    B7   **E**
A maldade é grande Deus é maior
    B7   **E F# B7 (introd.)**
abre caminho pra eu passá

B7
III. É muita serra pra eu subi,

é muita água pra me afogá

Muito martelo pra me batê,

muito serrote pra me serrá

É muita luta pra eu sozinho,
                         E
é muita conta pra eu pagá
    B7   **E**
É muito zape em cima de um aiz
    B7   **E F# B7**
Mas a terra treme quando eu trucá **(introd.)**
 B7
IV. É muita salmora pra eu bebê,

eu muita fogueira pra me queimá

É muita arma me apontando,

é uma grande guerra pra me matá

É muita corda no meu pescoço,
                         E
é muita gente pra me enforcar
    B7   **E**
Por aí tem gente eu quer meu tombo
    B7   **E B7 E**
Mas Deus é grande e não vai deixar.

© Copyright 1982 by LATINO EDITORA MUSICAL LTDA (Adm. por Warner Chappell Edições Musicais Ltda.)
Todos os direitos autorais reservados para todos os países. *All rights reserved.*

A Toada

Não se sabe ao certo a origem desse ritmo. Parece mesmo estar associado à natureza, ao ciclo ondulante do vai-e-vem do vento sobre as folhas e das águas a rolar. É o ritmo que geralmente introduz o neófito à música caipira, seja ele músico ou ouvinte, por ser simples e ter dado origem a peças singelas, porém de rara beleza como boa parte das obras de João Pacífico como "Cabocla Tereza", "Pingo d'Água", "Chico Mulato" entre tantas, ou mesmo por assemelhar-se aos ritmos românticos e lentos da música popular. Traduz geralmente histórias saudosistas, melancólicas e narrativas de casos ocorridos ou fictícios comuns no dia-a-dia do homem do campo.

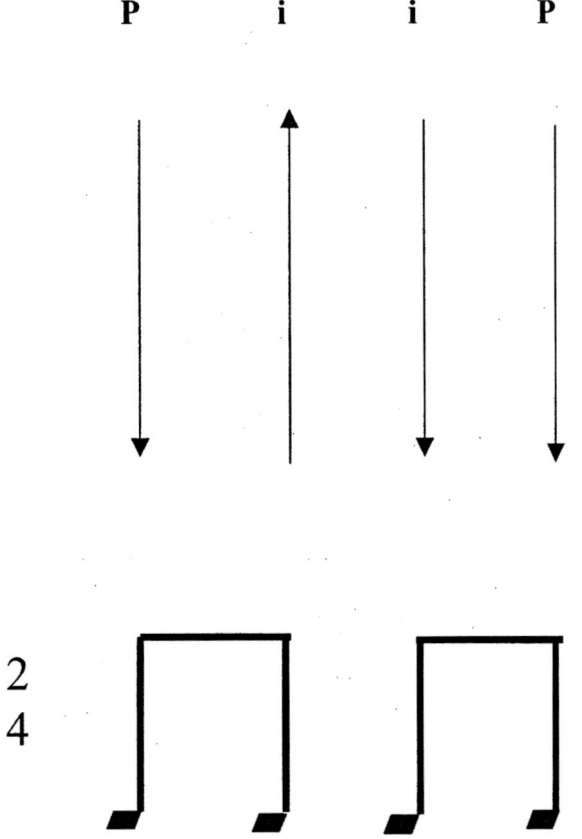

Maringá

Joubert de Carvalho

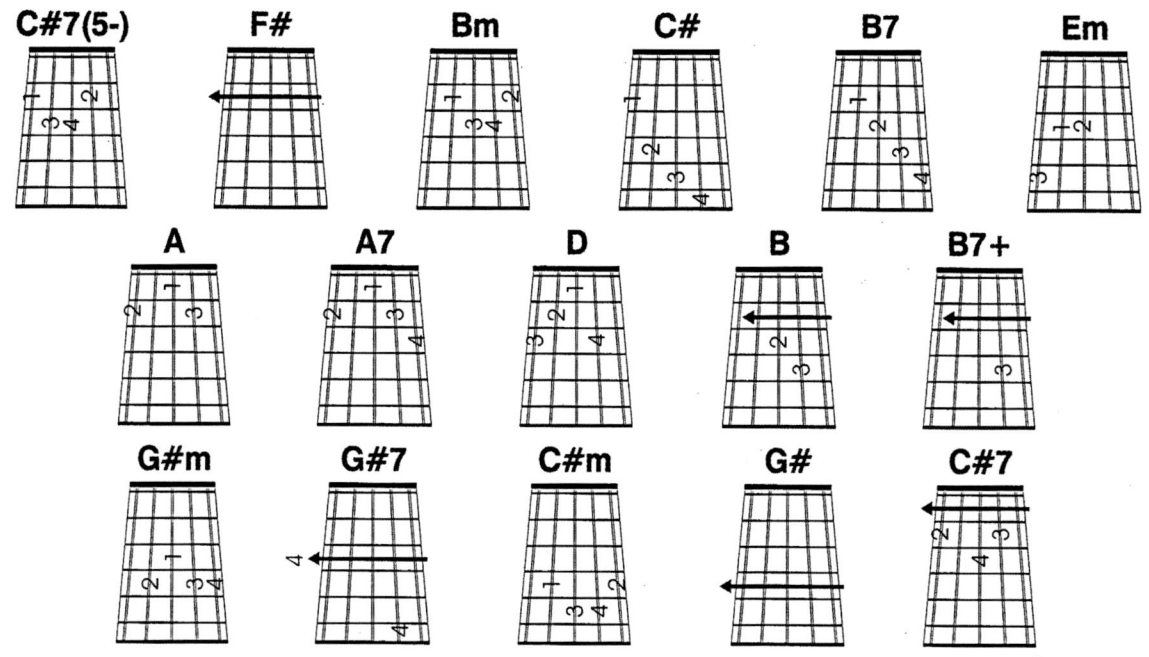

Intr.: C#m7(5-) F# Bm C# F# Bm // F# // Bm

      Bm
I. Foi numa leva
   B7   **Em**
Que a cabocla Maringá
        A
Ficou sendo a retirante
    A7   **D**
Que mais dava o que falá
   C#m7(5-)
E junto dela
  F#   **Bm**
Teve alguém que suplicou
        C#
Prá que nunca se esquecesse
  F#   **B**
De um caboclo que ficou

Maringá, Maringá (Maringá, Maringá)
      B7+
Depois que tu partiste
      G#m
Tudo aqui ficou tão triste
 G#7   **C#m**
Eu garrei a maginá
    F#
Maringá, Maringá (Maringá, Maringá)
     C#m
Para haver felicidade
 F#   **C#m**
É preciso que a saudade

  F#   **B**
Vai bater n'outro lugá
   G#
Maringá, Maringá (Maringá, Maringá)
 G#7   **C#m**
Voltei aqui pro meu sertão
 G#7   **C#m**
(Volte aqui pro meu sertão)
  C#7 **F#**
Prá de novo o coração (prá de novo um

coração)
             B // F# // Bm...
De um cabloco assossegá
  Bm   **B7**   **Em**
II. Antigamente, alegria sem igual
       A
Dominava aquela gente
       D
Da cidade ao Pombal
     C#m7(5-)
Mais veio a seca
  F#   **Bm**
Toda chuva foi s'imbora
     C#
Só restando então as água
  F#   **B**
Do meu zóio quando chora

© Copyright 1932 by IRMÃOS VITALE S.A. INDÚSTRIA E COMÉRCIO.
Todos os direitos autorais reservados para todos os países. *All rights reserved.*

Chuá, chuá

Pedro de Sá Pereira / Ary Machado Pavão

```
E       F#m     B7      A       Am      C#m     E/D
```

```
E                    F#m
Deixa a cidade formosa morena
     B7              E
Linda pequena e volta ao sertão
                        F#m
Beber da água da fonte que canta
     B7          E      B7
E se levanta do meio do chão
     E               F#m
Se tu nasceste cabloca cheirosa
         B7           E    E/D
Cheirando a rosa, no peito da terra
     A      Am     E
Volta prá vida serena da roça
    C#m    F#m  B7    E
Daquela paioça no alto da serra
     B7
E a fonte a cantar, Chuá, Chuá
         E
E as água a correr, Chuê, Chuê
E7         A
Parece que alguém
Am     E                       (refrão)
Que cheio de mágoa
C#m      F#m     B7    E
Deixaste quem há de dizer a saudade
     B7              E
No meio das águas rolando também
     E               F#m
A lua branca de luz prateada
     B7              E
Faz a jornada no alto do céu
                   F#m
Como se fosse uma sombra altaneira
     B7          E      B7
Na cachoeira fazendo escarcéu
     E              F#m
Quando essa luz na altura distante
     B7          E      E/D
Loira ofegante no poente a cair
     A      Am     E
Daí essa trova que o pinho dissera
    C#m    F#m     B7    E   (refrão)
Que eu volto prá serra, que eu quero partir
```

© Copyright 1944 by MANGIONE, FILHOS & CIA LTDA.
Todos os direitos autorais reservados para todos os países. *All rights reserved.*

Amora

Renato Teixeira

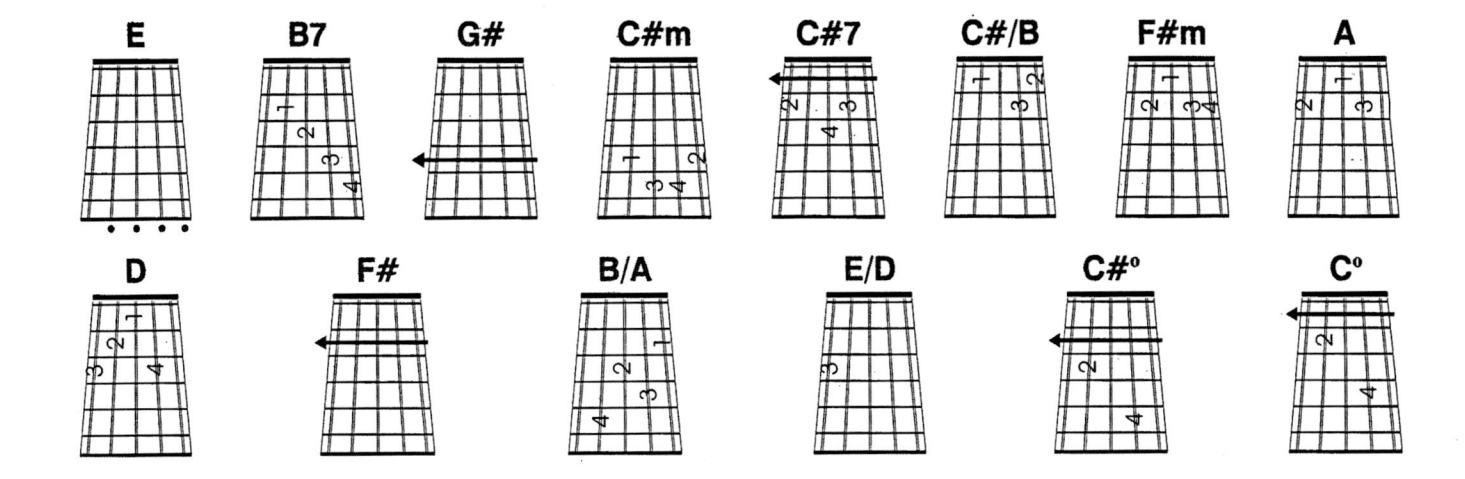

```
E  B7      E
Depois da curva da estrada
    G#   C#m   C#7
Tem um pé de araçá

Sinto vir água dos olhos
   C#/B     F#m
Toda vez que passo lá
                 A
Sinto o coração fechado
D         A   B7
Cansado de solidão
                E
Penso que deve ser doce
   F#     B7
A fruta do coração
                B/A
Vou contar para o seu pai
         E
Que você namora
                E/D
Vou contar prá sua mãe
         A
Que você me ignora
            D
Vou pintar a minha boca
   C#     C#°  C°
Do vermelho da Amora
            E
Que nasce lá no quintal
   F#     B7
Da casa onde você mora
```

© Copyright 1979 by BMG MUSIC PUBLISHING BRASIL LTDA.
Todos os direitos autorais reservados para todos os países. *All rights reserved.*

Chico Mineiro

Tonico / Francisco Ribeiro

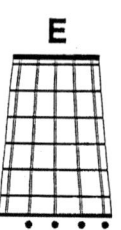

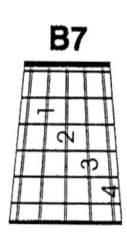

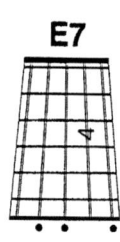

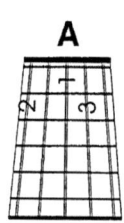

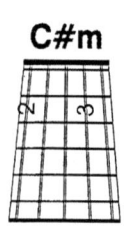

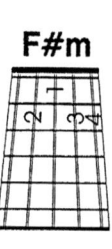

[Chord diagrams: E, B7, E7, A, C#m, F#m]

```
E              B7
Fizemos a última viagem
                E
Foi lá pro sertão de Goiás
              B7
Fui eu e o Chico Mineiro
              E      E7
Também foi o capataz
A
Viajemos muitos dias
      B7        E
Prá chegar em Ouro Fino
C#m          F#m
Aonde passamos a noite,
   B7       E
numa festa do Divino
              B7
A festa tava tão boa,
              E
mas antes não tivesse ido
              B7
O Chico foi baleado
                  E    E7
Por um homem desconhecido
```

```
       A
Larguei de comprar boiada
    B7            E
Mataram o meu companheiro
    C#m        F#m
Acabou o som da viola
    B7         E
Acabou-se o Chico Mineiro
                 B7
Depois daquela tragédia
              E
Fiquei mais aborrecido
                     B7
Não sabia da nossa amizade
                   E
Por que nós dois era unido.
E7    A
Quando eu vi seus documento
      B7      E
Me cortou o coração
      C#m             F#m
Vim saber que o Chico Mineiro
      B7       E7
Era meu legítimo irmão
```

© Copyright 1978 by LATINO EDITORA MUSICAL LTDA (Adm. por Warner Chappell Edições Musicais Ltda.)
Todos os direitos autorais reservados para todos os países. *All rights reserved.*

Boiadeiro errante

Teddy Vieira

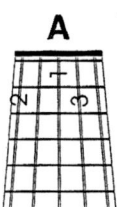

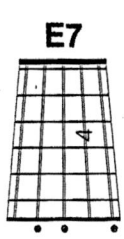

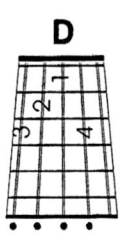

I.
   A
Eu venho vindo
  E7   A
De uma querência distante
  E7   A
Sou um boiadeiro errante
         E7
Que nasceu naquela serra

O meu cavalo corre
D   E7
mais que o pensamento
D   E7
Ele vem no passo lento
       A
Porque ninguém me espera
     E7
Tocando a boiada auê uê uê, boi

Eu vou cortando a estrada, uê boi   (bis)

II. Toque o berrante
  E7   A
Com capricho Zé Vicente
  E7   A
Mostre para essa gente
      E7
O clarim das das alterosas

Pegue no laço não se
D   E7
entregue companheiro
D   E7
Chame o cachorro campeiro
       A
Que essa rez é perigosa
     E7
Olhe na janela auê uê uê, boi
    A
Que linda donzela uê, boi   (bis)

III. Sou boiadeiro
  E7   A
Minha gente o que é que há
  E7   A
Deixa o meu gado passar
      E7
Vou cumprir a minha sina

Lá na baixada
  D   E7
Quero ouvir a siriema
  D   E7
Prá lembrar de uma pequena
       A
Que eu deixei lá em Minas
     E7
Ela é a culpada auê uê uê, boi
    A
D'eu viver nas estrada uê, boi   (bis)

IV. O rio tá calmo
  E7   A
E a boiada vai nadando
  E7   A
Veja aquele boi berrando
      E7
Chico Bento corre lá

Lace o mestiço
  D   E7
Salve ele das piranha
  D   E7
Tire o gado da campanha
       A
Prá viagem continuar
     E7
Com destino à Goiás

Auê uê uê, boi
    A
Deixei Minas Gerais, uê boi   (bis)

© Copyright 1978 by BMG MUSIC PUBLISHING BRASIL LTDA.
Todos os direitos autorais reservados para todos os países. *All rights reserved.*

Cabocla Tereza

Raul Torres / João Pacífico

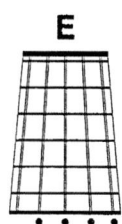

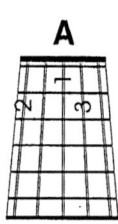

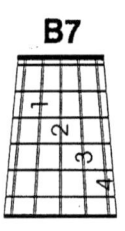

E — **A** — **B7** (chord diagrams)

```
   E    A    E
```
I. Há tempo eu fiz um ranchinho
```
            B7
```
Prá minha cabocla morar
```
      A        B7
```
Pois era ali o nosso ninho
```
   A    B7   E
```
Bem longe desse lugar
```
         A      E
```
II. No alto lá da montanha
```
            B7
```
Perto da luz do luar
```
    A   B7
```
Vivi um ano feliz
```
   A   B7    E
```
Sem nunca isso esperar
```
          A     E
```
III. E muito tempo passou
```
            B7
```
Pensando em ser tão feliz
```
    A      B7
```
Mas a Tereza, doutor,
```
  A  B7    E
```
Felicidade não quis

```
               A    E
```
IV. Os meus sonhos nesse olhar
```
            B7
```
Paguei caro meu amor
```
       A      B7
```
Prá mode doutro caboclo
```
    A    B7     E
```
Meu rancho ela abandonou
```
          A     E
```
V. Senti meu sangue ferver
```
            B7
```
Jurei a Tereza matar
```
       A    B7
```
O meu alazão arriei
```
  A  B7   E
```
E ela fui procurar
```
          A    E
```
VI. Agora, já me vinguei
```
            B7
```
É este o fim de um amor
```
     A     B7
```
Essa cabo cla matei
```
   A    B7    E
```
É a minha história, doutor.

© Copyright 1976 by BMG MUSIC PUBLISHING BRASIL LTDA.
Todos os direitos autorais reservados para todos os países. *All rights reserved.*

Chitãozinho e Xororó

Athos Campos / Serrinha

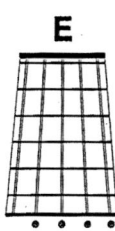

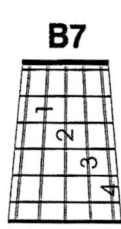

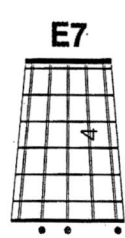

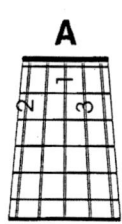

```
   E            B7           E7            A
```

```
         E                    B7
I. Eu não troco o meu ranchinho
          E
Marradinho de cipó
          B7
Pruma casa na cidade
          E
Nem que seja bangaló
   E7        A
Eu moro lá no deserto
                E
Sem vizinho eu vivo só
                  B7
Só me alegra quando pia
                E
Lá prá aqueles cafundó
              B7
É o Inhambu-Chitão
         E              (refrão)
E o Xororó
              B7
É o Inhambu-Chitão
         E
E o Xororó
                    B7
II. Quando rompe a madrugada
         E
Canta o galo carijó
         B7
Pia triste a coruja
         E
Na cumieira do paió
    E7            A
Quando chega o entardecer
         E    (refrão)
Pia triste o Jaó
```

```
                            B7
III. Não me dou com a terra roxa
              E
Com a seca larga pó
              B7
Na baixada do areião
              E
Eu sinto um prazer maió
    E7             A
Ver a rolinha no andar
              E
No areião faz caracó.
                   B7  (refrão)
IV. Eu faço minha caçada
               E
Bem antes de sair o sol
               B7
Espingarda de cartucho
               E
Patrona de tiracó
    E7           A
Tenho buzina e cachorro
              E   (refrão)
Prá fazer forrobodó.
                      B7
V. Quando sei de uma notícia
              E
Que um outro canta mió
              B7
Meu coração dá um balanço
              E
Fica meio banzaró
    E7              A
Suspiro sai do meu peito
              E
Que nem bala Jeveló.
```

© Copyright 1970 by EDITORA E IMPORTADORA MUSICAL FERMATA DO BRASIL.
Todos os direitos autorais reservados para todos os países. *All rights reserved.*

Meu velho pai

Léo Canhoto

Chords: A, E7, D, A7, F#m, B7, Bm

Intr.: **A E7 D A E7 A**

1. Meu velho pai, preste a atenção no que eu lhe digo
                                                    E7
Meu pobre papai querido enxugue as lágrimas do rosto

Porque papai que você chora tão sozinho
                                        A
Me conta meu papaizinho o que lhe causa desgosto

Estou notando que você está cansado
                     A7   **D**
Meu pobre velho adorado é seu filho que está falando
              E7   **A**
Quero saber qual é a tristeza que existe
   F#m   **B7**   **E7**   **A**   Intr.
Não quero ver você triste porque é que está chorando

II. Quando lhe vejo tão tristonho desse jeito
                                        E7
Sinto estremecer meu peito ao pulsar meu coração

Meu pobre pai você sofre por me criar
                                  A   (refrão)
Agora eu vou lhe cuidar esta é a minha obrigação

Não tenha medo meu velhinho adorado
                  A7   **D**
Que estarei sempre ao seu lado não lhe deixarei jamais
                E   **A**
Eu sou o sangue do seu sangue papaizinho

   F#m   **Bm**   **E**   **A**
Não vou lhe deixar sozinho, não tenha medo meu pai.

III. Você sofreu quando eu ainda era criança
                                          E7
A sua grande esperança era me ver homem formado

Eu fiquei grande estou seguindo o meu caminho
                                              A
E você ficou velhinho mas estou sempre ao seu lado

Meu pobre pai seus passos longos silenciavam
                     A7   **D**
Seus cabelos branquearam seu olhar se escureceu,
              E7   **A**
A sua voz quase que não se ouve mais
   F#m   **Bm**   **E7**   **A**
Não tenha medo meu pai quem cuida de você sou eu
         E7   **A**
Meu papaizinho não precisa mais chorar,
                          E7   **A   A7**
Saiba que não vou deixar você sozinho abandonado
                        D   **E7**   **A**
Eu sou seu guia, sou seu tempo, sou o seus passos
          F#m   **Bm**   **E7**   **A**
Sou sua luz e sou seus braços sou seu filho idolatrado.

© Copyright 1971 by BMG MUSIC PUBLISHING BRASIL LTDA.
Todos os direitos autorais reservados para todos os países. *All rights reserved.*

A caneta e a enxada

Capitão Balduíno / Teddy Vieira / Vieira

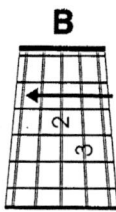

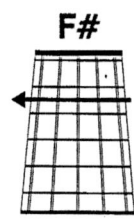

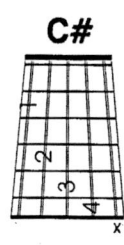

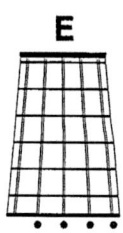

Declamação:
Certa vez uma caneta foi passear lá no sertão
Encontrou-se som uma enxada fazendo uma plantação
A enxada muito humilde foi lhe fazer saudação
Mas a caneta soberba não quis pegar na sua mão
E ainda por desaforo lhe passou uma repressão

B   F#   B
Disse a caneta pra enxada não vem perto de mim não.

Você tá suja de terra de terra suja do chão
  C#   F#
Sabe com quem tá falando veja a sua posição
  E B F# B
E não esqueça a distância da nossa separação

Intr. F# B F# B
 B   F#   B
Eu sou a caneta dourada que escreve nos tabelião

Eu escrevo pro governo a lei da constituição
  C#   F#
Escrevi papel de linho pros ricaço e pros barão
  E B F# B
Só ando na mão dos nobre dos homens de posição

Intr. F# B F# B
 B   F#   B
A enxada respondeu de fato eu vivo no chão

Pra poder dar o que comer e vestir o seu patrão
  C#   F#
Eu vim no mundo primeiro quase no tempo de Adão
  E B F# B
Se não fosse o meu sustento ninguém tinha instrução

Intr. F# B F# B
 B   F#   B
Vai-te caneta orgulhosa vergonha da geração

A tua alta nobreza não passa de pretensão
  C#   F#
Você diz que escreve tudo tem uma coisa que não
  E B F# B
É a palavra bonita que chama educação

© Copyright by BMG MUSIC PUBLISHING BRASIL LTDA.
Todos os direitos autorais reservados para todos os países. *All rights reserved.*

Pé de ipê

Tonico

```
    Em   Em/D#      Em/D
I. Eu pensei que adivinhava,
        Em/C#       E7
quando, às veiz, eu te chamava
    E/D         Am  Am/G# Am/G  Am/F#
De muié sem coração,          minha voz,
      Em      Em/D     Am/F#
assim queixosa, vancê é a mais formosa
     B7       Em  E7
Das caboclas do sertão,
Am  Am/G      Em
minha voz assim queixosa,
    Em/D        Am/F#
Vancê é a  mais formosa
     B7      Em   B7 Em
das caboclas do sertão.
         Em/D#      Em/D
II. Certa veiz, tive um desejo
       Em/C#       E7
de prová o mé  de um beijo
     E/D        Am  Am/G# Am/G
Da boquinha de vancê,
    Am/F#    Em
lá no trio da baixada,
    Em/D      Am/F#
Pertinho da incruziada
     B7        Em   E7 Am
debaixo de um pé de ipê,
     Am/G    Em
Lá no trio  da baixada,
    Em/D      Am/F#
pertinho da incruziada,
     B7         Em    B7 E
debaixo de um pé de ipê
```

```
                           B7
I'. Mas o destino é traiçoeiro
           E   E7
e me deixo na solidão
A              E
Foi s'imbora pra cidade,
        C#m        F#m
me deixou triste sodade,
     B7        E
Neste pobre coração,
                   B7
foi s'imbora prá cidade,
       A     E
Me deixo triste sodade,
       A  B7  E
neste pobre coração
                           B7
II'. Quando eu passo a incruziada,
            E   E7
ainda avisto o pé de ipê,
A               E
Ainda  canta um passarinho
        C#m      F#m
me faiz alembrá sozinho
     B7        E
Aquele dia com vance,
                   B7
ainda canta um passarinho
       A     E
Me faiz alembrá sozinho,
      A  B7  E
aquele dia com vancê.
```

© Copyright 1971 by EDITORA E IMPORTADORA MUSICAL FERMATA DO BRASIL.
Todos os direitos autorais reservados para todos os países. *All rights reserved.*

Pingo d'água

Raul Torres / João Pacífico

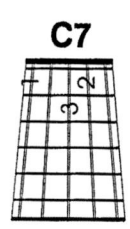

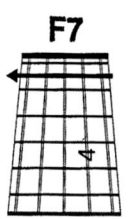

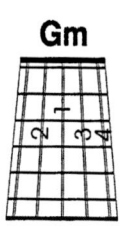

Chords: Bb, C7, F7, Gm, F

```
        E       B7
I. Eu fiz promessa
                    E
Pra que Deus mandasse chuva
             B7
Pra crescê a minha roça
        E
E vingá as criação
       B7
Pois veio a seca
                E
    matô meu cafezá
                B7
Matô tudo meu arroz
            E
E secô tudo algodão
             B7
II. Nessa colheita
              E
Meu carro ficô parado
               B7
Minha boiada carréra
              E
Quase morre sem pastá.
    B7
Eu fiz promessa
                      E
Que o primeiro pingo d'água
            B7
Eu moiava as frô da Santa
                    E
Que tava em frente do altá.
```

```
           B7
III. Eu esperei
                  E
Uma semana, um mês inteiro
           B7
A roça tava tão seca
                E
Dava pena até de vê
      B7
Oiava o céu
                  B
Cada nuvem que passava
                 B7
Eu da Santa me lembrava
                    E
Pra promessa não esquecê
           B7
IV. Em pouco tempo
             E
A roça ficô viçosa
             B7
As criação já pastava
               E
Floresceu meu cafezá
        B7
Fui na capela
                   E
E levei três pingo d'água
               B7
Um foi o pingo da chuva
                E
Dois caiu do meu oiá.
```

© Copyright 1945 by IRMÃOS VITALE S.A. INDÚSTRIA E COMÉRCIO.
Todos os direitos autorais reservados para todos os países. *All rights reserved.*

O Cururu

Segundo a versão de alguns historiadores, este nome se originou da corruptela da palavra cruz, introduzida no Brasil pelos jesuítas com a festa de Santa Cruz e pronunciada pelos indígenas como curuz, curuzu ou curu. Nesta festa havia canto marcado por batidas de pé, bem ao gosto lúdico da comunidade indígena.

Através dos tempos sofreu diversas modificações, muitas em nível regional, como em Mato Grosso, ainda dançado em rodas de cururu, ou nas regiões do médio Tietê paulista, onde tornou-se um desafio improvisado em forma de repente entre equipes de violeiros e seus cantadores. Existem atualmente verdadeiros embates organizados entre bairros e cidades, com direito até a torcidas.

Trataremos aqui do dito cururu urbano, um dos mais tradicionais e representativos ritmos da música caipira, muito bem representado e utilizado nas composições de Zé Carreiro e Carreirinho entre outros. Podemos notar nas suas interpretações originais as tradicionais "paradinhas" ou "breques" (pausas) no meio das estrofes, conferindo um sabor especial e despertando a atenção dos ouvintes.

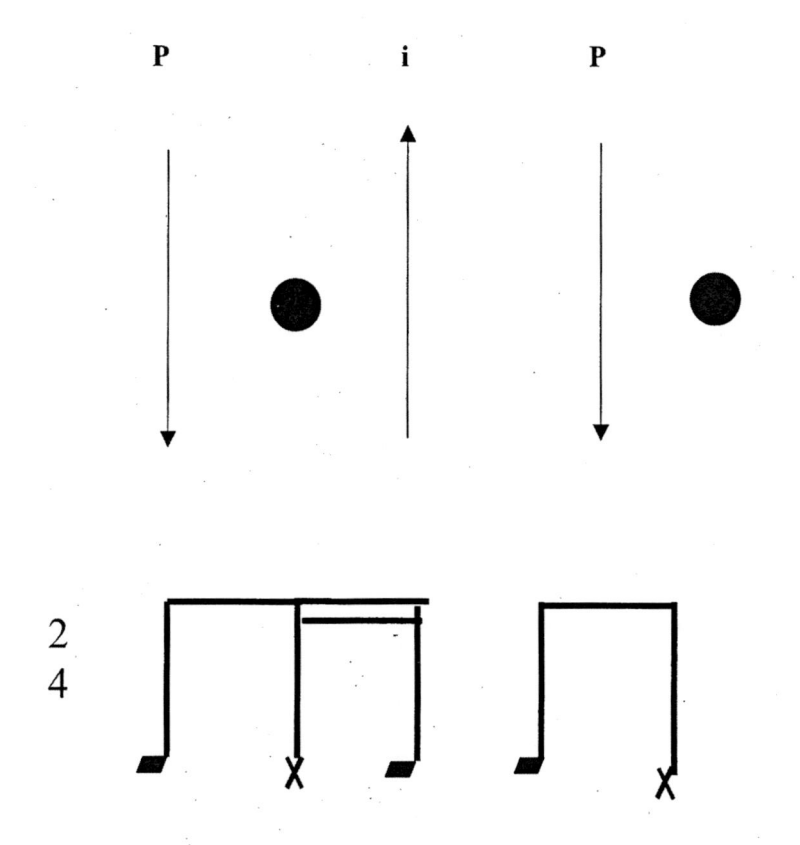

Ou

P   **i**   **P**

Ou

P   i   P

Cálix Bento

Tavinho Moura

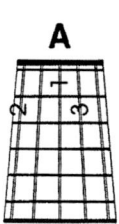

E   B7   E7   A

```
     E        B7        E
I. Ó Deus salve o oratório
        B7        E
Ó Deus salve o oratório
       E7        A
Onde Deus fez a morada
          B7
Oi, ai, meu Deus
                     E    B7    E
Onde Deus fez a morada, oi, ai
        B7        E
II. Onde mora o Cálix Bento
        B7        E
Onde mora o Cálix Bento
       E7        A         B7
E a hóstia consagrada, oi, ai meu Deus
                       E    B7    E
E a hóstia consagrada, oi, ai
        B7        E
III. De Jessé nasceu a vara
        B7        E
De Jessé nasceu a vara
       E7        A         B7
Da vara nasceu a flor, oi, ai, meu Deus
                       E    B7    E
Da vara nasceu a flor, oi, ai
        B7        E
IV. E da flor nasceu Maria
        B7        E
E da flor nasceu Maria
       E7        A         B7
De Maria o Salvador, oi, ai, meu Deus
                     E    B7    E
De Maria o Salvador, oi, ai
```

© Copyright 1976 by MERIDIONAL EDITORA MUSICAL LTDA / PEERMUSIC (100%).
Todos os direitos autorais reservados para todos os países. *All rights reserved.*

Proparoesquisítono

Zé Mulato / Cassiano

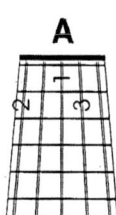

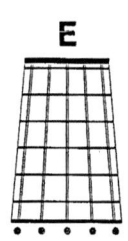

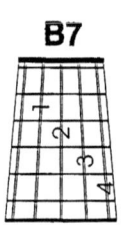

Intr.: A E B7 E 2x   B7 E 2x

```
   E
I. Eu fiz essa moda
            B7  E
meio esquisofrênica
         A
Só porque me chamaram
      B7
de quadrilátero

Dizem que eu canto moda

da idade milênica

E que os meus versos
                E    B7   E B7   E
já estão reumáticos

II. Eu não ligo mais
                    B7  E
pra comentários irônicos
          A
Quem fala é porque
         B7
tem problemas psíquicos

No braço da viola

provo sou biônico

Não sou eu quem digo
            E   (introd.)
é opinião dos críticos
                      B7  E
III. Ser imitador eu até acho válido
              A
Mas falar dos colegas
          B7
não é bem simpático

Cuida do seu nome

que está muito pálido

Deixa minha vida
            E  B7  E  B7  E
e não seja fanático
```

```
IV. Eu quero acabar
                  B7  E
com o violeiro monótono
           A
Um desafinado
              B7
eu conheço a quilômetro

Que arreganha a boca

igual a hipopótamo

Enjoa o ouvinte
                 E    (introd.)
e não tem semancômetro
                        B7  E
V. Eu já derrotei violeiro satânico
            A       B7
Que no desafio era diabólico

E pra apaziguar esse

encontro titânico

Gastou um exorcista
                E  B7  E  B7  E
e um chefe católico

VI. Até parecia um
                 B7  E
combate germânico
          A
E o resultado
            B7
foi mesmo caótico

Ele desandou o

sistema orgânico

Sujou na viola e
            E  B7  E
acabou neurótico.
```

© Copyright 1984 by GRAVAÇÕES E EDIÇÕES TOCANTINS LTDA / PEERMUSIC (100%).
Todos os direitos autorais reservados para todos os países. *All rights reserved.*

A bandeira do Divino

Ivan Lins e Vitor Martins

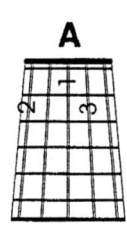

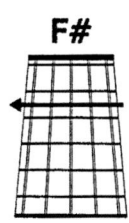

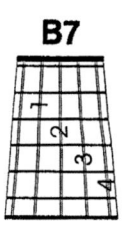

```
E       A       F#      B7
```

    E
I. Os devotos do Divino
      A
Vão abrir sua morada
    F#
Prá bandeira do Menino
      B7   E B7 E B7
Ser bem-vinda, ser louvada, ai, ai
       E
II. Deus vos salve esse devoto
     A
Pela esmola em vosso nome
    F#
Dando água a quem tem sede
   B7   E B7 E B7
Dando pão a quem tem fome, ai, ai
    E
III. A bandeira acredita
    A
Que a semente seja tanta
    F#
Que essa mesa seja farta
     B7   E B7 E B7
Que essa casa seja santa, ai, ai

    E
IV. Que o perdão seja sagrado
    A
Que a fé seja infinita
    F#
Que o homem seja livre
    B7   E B7 E B7
Que a justiça sobreviva, ai, ai
   E
V. Assim como os três Reis Magos
   A
Que seguiram a estrela- guia
   F#
A bandeira segue em frente
    B7   E B7 E B7
Atrás de melhores dias, ai, ai
    E
VI. No estandarte vai escrito
    A
Que Ele voltará de novo
    F#
E o Rei será bendito
    B7   E B7 E B7 E
Ele nascerá do povo, ai, ai

© Copyright by VELAS PRODUÇÕES ARTÍSTICAS LTDA. (Adm. por UNIVERSAL MUSIC PUBLISHING) (100%).
Todos os direitos autorais reservados para todos os países. *All rights reserved.*

Ora viva São Gonçalo

Paulo Vanzolini

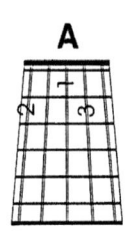

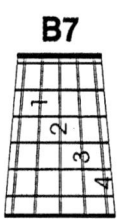

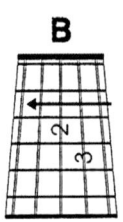

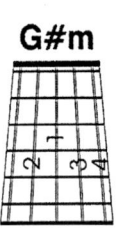

```
E        A
```
I. Este é o primeiro verso
```
      B7      E
```
Que nesta casa eu canto
```
              B
```
Já desponta a madrugada
```
A   G#m   B7   E      | 2 x
```
Padre, Filho, Esprilto Santo|
```
   B7      E
```
Ora viva São Gonçalo, | 2 x
```
A
```
São Gonçalo de Amarante
```
      B7      E
```
Protetor dos namorados

Trago uma fita no peito
```
      B7      E
```
Coração tão amarrado
```
A
```
Coração tão orgulhoso
```
      B7      E
```
Agora danço um jingado
```
              B
```
Prá louvar meu São Gonçalo
```
A   G#m   B7   E
```
Protetor dos namorados
```
      B7      E
```
Ora viva São Gonçalo | 2 x

```
            A
```
II. Este é o segundo verso
```
      B7      E
```
Que nesta casa eu canto
```
              B
```
Já desponta a madrugada
```
A   G#m   B7   E      | 2 x
```
Padre, Filho, Esprilto Santo|
```
   B7      E
```
Ora viva São Gonçalo | 2 x
```
A
```
São Gonçalo de Amarante
```
      B7      E
```
Protetor dos casamentos

Morena cheia de fita
```
      B7      E
```
Pisando com elegância

```
A
```
Meu santo amor me dê muito
```
      B7      E
```
De casamento distância
```
              B
```
Ora viva São Gonçalo
```
A   G#m   B7   E
```
Padre, Filho, Esprilto Santo
```
   B7      E
```
Ora viva São Gonçalo | 2 x

```
            A
```
III. Este é o terceiro verso
```
      B7      E
```
Que nesta casa eu canto
```
              B
```
Já desponta a madrugada
```
A   G#m   B7   E      | 2 x
```
Padre, Filho, Esprilto Santo|
```
   B7      E
```
Ora viva São Gonçalo | 2 x
```
A
```
São Gonçalo de Amarante
```
      B7      E
```
Protetor dos violeiros

Se um dia eu chegar no céu
```
      B7      E
```
Viola entra primeiro
```
A
```
Viola cheia de fitas,
```
      B7      E
```
Tá dengosa, tá bonita
```
              B
```
Prá louvar meu São Gonçalo|
```
A   G#m   B7   E      | 2 x
```
Protetor dos violeiros|
```
   B7      E
```
Ora viva São Gonçalo | 2 x
```
            A
```
IV. Este é o derradeiro verso
```
      B7      E
```
Que nesta casa eu canto
```
              B
```
Já desponta a madrugada
```
A   G#m   B7   E      | 2 x
```
Padre, Filho, Esprilto Santo|

© Copyright 1985 by GRAVAÇÕES E EDIÇÕES TOCANTINS LTDA / PEERMUSIC (100%).
Todos os direitos autorais reservados para todos os países. *All rights reserved.*

Mundo velho

Lourival dos Santos / Tião Carreiro

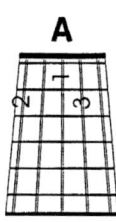

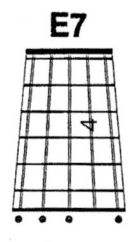

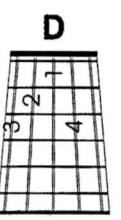

Intr.: A E7 A

```
     A                            E7
I. Deus fez um mundo tão lindo só belezas que rodeia
                         A     E7  A
Colocando lá no espaço lua nova e lua cheia
   D                          E7
Fez o sol e a luz Divina que o mundo inteiro clareia
                      D A  E7 A
No céu estrelas paradas a lua e o sol passeia
                           E7
Deus fez o mar azulado é o castelo da sereia
                              A   E7 A
Fez peixe grande e pequeno e também fez a baleia
   D                         E7
Fez a terra onde formei meu cafezal de ameia
                          D  A E7  intr.
Baixadão cheio de água onde meu arroz cacheia


                              E7
II. Deus fez cachoeiras lindas lá na serra serpenteia
                       A   E7  A
Fez papagaio que fala passarada que gorjeia
   D                         E7
Tangará canta de bando a natureza ponteia
                          D A  E7 A
Pros catireiros de pena que no galho sapateia
                             E7
Mundo velho mudou tanto que já esta entrando areia
                          A   E7 A
Grande pisa nos pequenos coitadinhos desnorteia
   D                          E7
Quem trabalha não tem nada enriquece quem tapeia
                         D A E7  intr.
Pobre não ganha demanda rico não vai pra cadeia


                          E7
III. Na moral do velho mundo quem não presta pisoteia
                       A   E7  A
Os mandamentos de Deus tem gente que até odeia
   D                         E7
Igrejas estão vazias antigamente eram cheias
                                  D A  E7 A
O que é ruim esta aumentando o que é bom ninguém semeia
                                      E7
Oh meu Deus venha na terra porque a coisa aqui tá feia
                          A  E7 A
Mas que venha prevenido traga chicote e correia
   D                         E7
Tem até mulher pelada no lugar da Santa Ceia
                             D A  E7 A
Só Deus pode dar um fim no que o diabo desnorteia
```

© Copyright 1982 by LATINO EDITORA MUSICAL LTDA (Adm. por WARNER CHAPPELL)
Todos os direitos autorais reservados para todos os países. *All rights reserved.*

O menino da porteira

Teddy Vieira / Luizinho

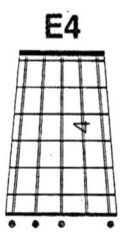

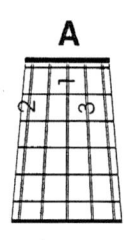

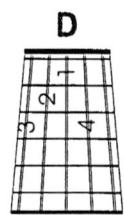

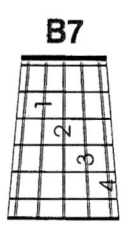

Intr.: E7 A E7 A E7 A E7 A E7 A

A
I. Toda vez que eu viajava
        E7
pela estrada de Ouro Fino

De longe eu avistava
      A
a figura de um menino

Que corria abrir a porteira
    E7
depois vinha me pedindo

"Toque o berrante, seu moço,
    D E7 A
que é pra eu ficar ouvindo"
    D
Quando a boiada passava
    E7
e a poeira ia baixando

Eu jogava uma moeda
    A
e ele saia pulando

"Obrigado boiadeiro,
       E7
que Deus vá lhe acompanhando"

Pra aquele sertão afora
  D E7 A intr.
meu berrante ia tocando

II. No caminho dessa vida
      E7
muito espinho eu encontrei

Mas nenhum calou mais fundo
     A
do que isto que eu passei

Na minha viagem de volta
    E7
qualquer coisa eu cismei

Vendo a porteira fechada
    A
o menino eu não avistei

D
Apeei do meu cavalo
     E7
no ranchinho à beira chão

Vi uma muié chorando
    A
quis sabê qual a razão

"Boiadeiro veio tarde,
     E7
veja a cruz no estradão

Quem matou o meu filhinho
  D E7 A intr.
foi um boi sem coração"

III. Lá pras bandas de Ouro Fino
     E7
levando gado selvagem

Quando eu passo na porteira
    A
até vejo a sua imagem

O seu rangido tão triste
     E7
mais parece uma mensagem

Daquele rosto trigueiro
  D E7 A
desejando-me boa viagem
  D
A cruzinha do estradão
    E7
do pensamento não sai

Eu já fiz um juramento
    A
que não esqueço jamais

Nem que o meu gado estoure,
    B7
que eu precise ir atrás,

Neste pedaço de chão
  D   E7 A intr.
berrante eu não toco mais !

© Copyright by BMG MUSIC PUBLISHING BRASIL LTDA. (100%).
Todos os direitos autorais reservados para todos os países. *All rights reserved.*

Reizado

Teddy Vieira

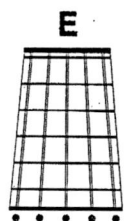

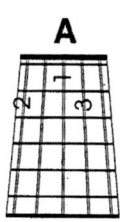

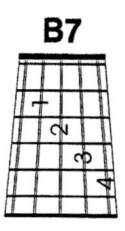

```
E          A          B7
```

E
I. O galo cantou no Oriente
      A
Ai, ai, ai, ai
B7   E
Surgiu a estrela guia, ai ai

Anunciando à humanidade
      A
Ai, ai, ai, ai
B7
Que o menino nascia
    E   B7
Ai ,ai ,ai ,ai
            E
Em uma estrebaria, ai, ai

II. Vinte e cinco de dezembro
     A
Ai, ai, ai, ai
B7   E
Não se dorme no colchão, ai, ai

Deus menino teve a cama
     A
Ai, ai, ai, ai
B7   E   B7
De foia seca do chão, ai, ai, ai, ai
            E
Prá nossa salvação, ai, ai

III. Senhora dona da casa
     A
Ai, ai, ai, ai
B7   E
Óia a chuva no telhado, ai, ai

Venha ver o Deus menino
     A
Ai, ai, ai, ai
B7   E B7
Como está todo molhado, ai, ai, ai, ai
                E
Os três Reis a seu lado ai, ai

IV. Deus lhe pague a bela oferta
     A
Ai, ai, ai, ai
B7   E
Que vos deu com alegria, ai, ai

O Divino Santo Reis
     A
Ai, ai, ai, ai
B7   E B7
São José , Santa Maria, ai, ai, ai, ai
            E
Há de ser vossa guia, ai, ai

© Copyright 1983 by BMG MUSIC PUBLISHING BRASIL LTDA. (100%).
Todos os direitos autorais reservados para todos os países. *All rights reserved.*

Hino de Reis

Criolo

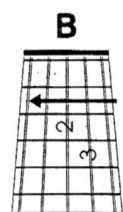

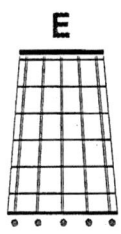

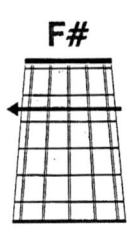

B
I. Vinte e cinco de Dezembro
E
Quando o galo deu o sinal
F#   Bis
Que nasceu o Menino Deus
B
Numa noite de Natal *(1ª vez)*
                B
(Numa noite de Natal, ai, ai) *(2ª vez)*

II. A estrela do Oriente
E
Fugiu sempre dos judeus
F#   Bis
Prá avisar os Três Reis Santos
B
Que o Menino Deus nasceu *(1ª vez)*
               B
(Que o Menino Deus nasceu, ai, ai) *(2ª vez)*

III. Os três Reis quando souberam
E
Viajaram sem parar
F#   Bis
Cada um trouxe um presente

B
Pro Menino Deus saudar *(1ª vez)*
                B
(Pro Menino Deus saudar, ai, ai) *(2ª vez)*

IV. Nesse instante no ranchinho
E
Passou a estrela-guia
F#   Bis
Visitou todos os presentes
B
Onde o Menino dormia *(1ª vez)*
               B
(Onde o Menino dormia, ai, ai) *(2ª vez)*

V. Deus lhe salve a casa santa
E
Onde é sua morada
F#   Bis
Onde mora o Deus Menino
B
E a hóstia consagrada *(1ª vez)*
               B
(E a hóstia consagrada, ai, ai) *(2ª vez)*

© Copyright 1976 by EDITORA E IMPORTADORA MUSICAL FERMATA DO BRASIL. / EDITORA AUGUSTA LTDA.
Todos os direitos autorais reservados para todos os países. *All rights reserved.*

Saudade de Araraquara

Zé Carreiro / Carreirinho

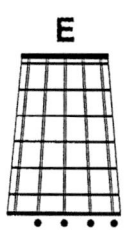

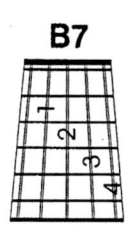

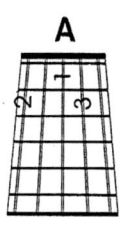

Intr.: E B7 E B7 E

A
I. Eu parti de Araraquara
B7   E
Com destino pra Goiás
A   B7
Quando eu vim da minha terra
E
Travessei Minas Gerais //
B7
Eu passei Campina Triste

Lagoa dos Ananás
A   B7 E
Os olhos que lá me viram
B7   E
De certo não me vêem mais
A
II. Fiz a minha embarcação
B7   E
Lá na estação do Brás
A   B7
Meu amor me procurava
E
Notícias pelos jornais //
B7
Eu padeço ela padece

Padecemos os dois iguais
A   B7 E
Quem partiu leva saudade
B7   E
Prá quem fica é muito mais

A
III. Eu olhei para o horizonte
B7   E
Avistei certos sinais
A   B7
Que as estrelas vão correndo
E
Deixando raio prá trás //
B7
Eu te quis inda te quero

Cada vez querendo mais
A   B7 E
Os agrado de outro amor
B7   E
Para mim não satisfais
     A
IV. O meu peito é um retiro
B7   E
Onde meu suspiro vai
A   B7
Meu coração é um cuitelo
E
Que do seu jardim não sai
B7
Que vive beijando a rosa

Onde que o sereno cai
A   B7 E
Adeus minha rosa branca
B7   E
Adeus para nunca mais

© Copyright 1973 by IRMÃOS VITALE S.A. INDÚSTRIA E COMÉRCIO.
Todos os direitos autorais reservados para todos os países. *All rights reserved.*

Encontro de bandeiras

Xavantinho / Tavinho Moura

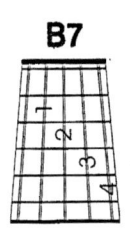

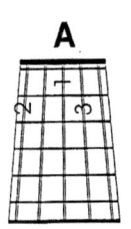

```
E        B7    A
```

```
         E                   B7 E
I. Ai, que bandeira é essa, ai, ai
       A           B7
Na porta da sua morada
A              B7
Aonde mora o Cálix Bento
A    B7        E    E B7 E
E a Hóstia Consagrada, eh, eh, eh !
                       B7  E
II. Que encontro tão bonito, ai, ai,
A              B7
Que fizemo aqui agora
A              B7
Os três Reis do Oriente
A   B7         E
São José, Nossa Senhora
A               B7    E B7 E
São José, Nossa Senhora, eh, eh, eh !
                       B7 E
III. As Bandeira vai-se embora, ai, ai
A          B7
As fita vão avoando
A             B7
Se despede do festeiro
A    B7        E
Prá voltar no outro ano
A              B7  E B7 E
Prá voltar no outro ano, eh, eh, eh !
```

© Copyright 1987 by IRMÃOS VITALE S.A. INDÚSTRIA E COMÉRCIO. 50%
© Copyright 1987 by TRÊS PONTAS EDIÇÕES MUSICAIS. 50%
Todos os direitos autorais reservados para todos os países. *All rights reserved.*

O Cateretê

No que tange à dança, se faz sinônimo de Catira, antiga dança religiosa indígena, incorporada ao festeiro popular do interior, onde foram mantidos os traços originais tanto na forma da execução musical quanto na coreografia, entremeada de palmas e sapateados.

No que se refere ao toque de viola e suas composições, o cateretê foi o ritmo mais utilizado principalmente em andamento mais lento, nas músicas de caráter romântico, já contendo traços da incipiente urbanização das cidades e dos costumes. As composições sobre temas caipiras ou rurais geralmente mantiveram o andamento acelerado.

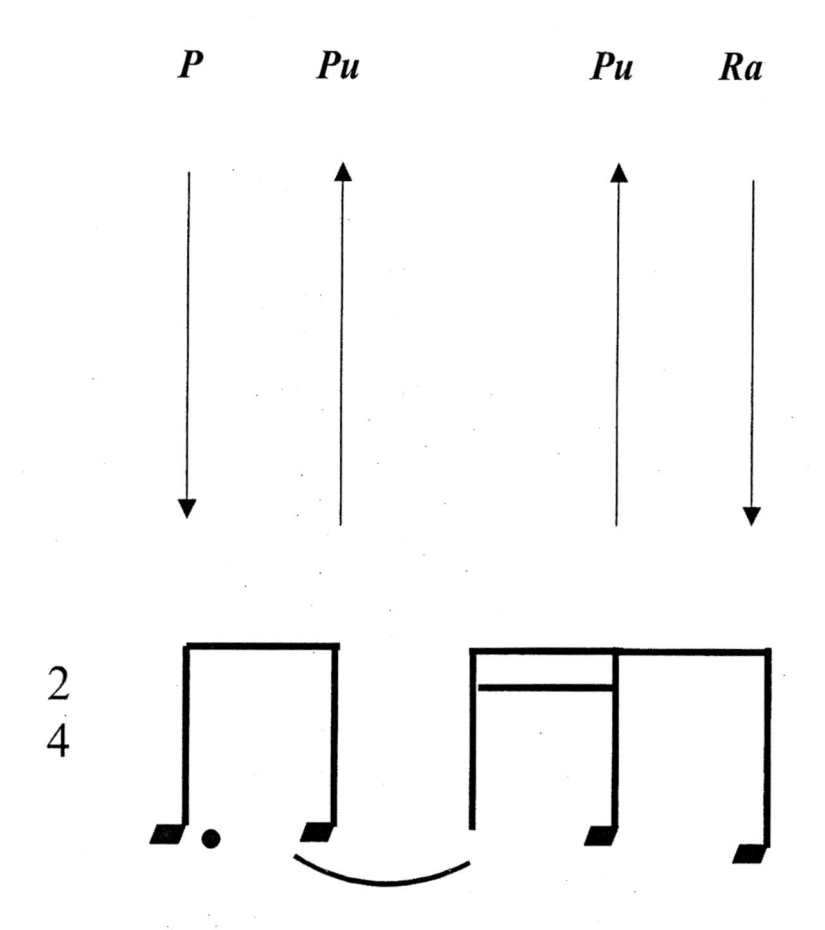

P *Pu* *Pu* *Ra*

Ou

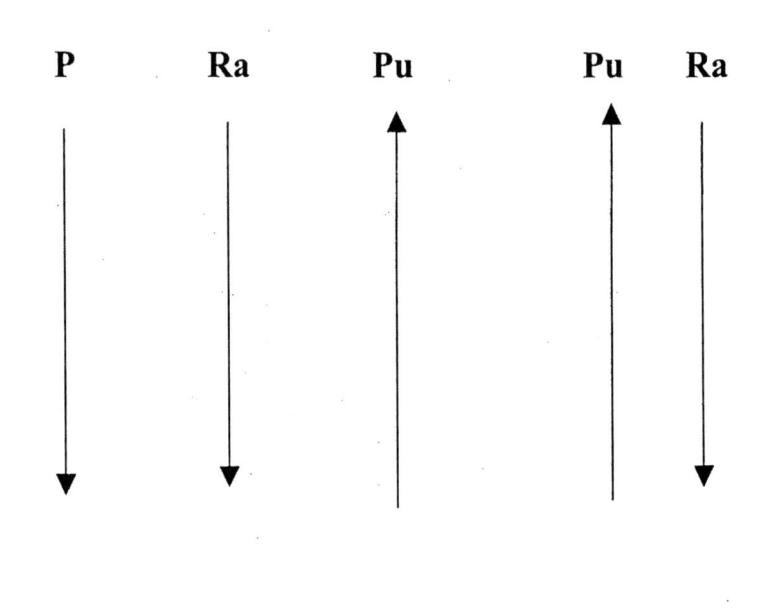

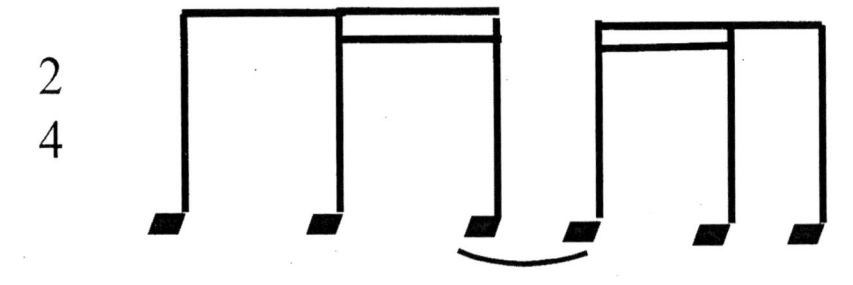

P   Ra   Pu   Pu   Ra

↓   ↓   ↑   ↑   ↓

Carteiro

Carreirinho / Sebastião Victor / Tião Carreiro

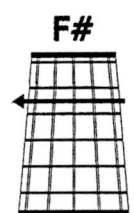

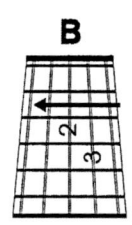

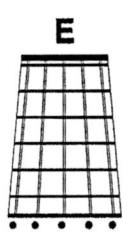

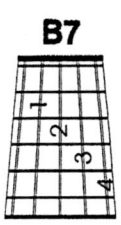

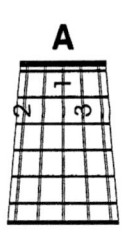

Intr.: F# B E B7 E

   A
Eu estava no portão
   B7   E
Quando o carteiro passou
        A
Tirou da correspondência
   B7   E
Uma carta e me entregou
  F#
Abri a carta pra ler
  B7
Os ares diferenciou
    A   E
Quando li o cabeçalho
   B7   E F#
Os meus olhos se orvalhou, ai
  B7   E B7 E
Lágrimas no chão pingou
      A
Dois amigos que passava
   B7   E
Me viu chorando e parou
     A
O que tinha acontecido
   B7   E
Um deles me perguntou
  F#
A causa dessa tristeza
  B7
Meu amor me abandonou
   A   E
Amigos fiquei sabendo
   B7   E F#
Primeira vez por amor, ai
  B7   E B7 E
Que este caboclo chorou

       A
O amor que eu tinha nela
   B7   E
Em ódio se transformou
      A
Por ser uma mulher farsa
   B7   E
Não cumpriu o que jurou
  F#
Não quero saber onde anda
  B7
Nem ela onde eu estou
    A   E
Vai ser como o sol e a lua
   B7   E F#
Quando um sai o outro já entrou ,ai.
  B7   E B7 E
Não quero ter mais amor
      A
Das mulher que eu conheci
   B7   E
Só uma que confirmou
     A
Um amor sincero e puro
   B7   E
Que nunca me traiçoou
  F#
Em minhas horas amarga
  B7
O quanto me confortou
   A   E
Primeiros passos da vida
   B7   E F#
Foi ela quem me ensinou, ai
  B7   E B7 E
Minha mãe que me criou

© Copyright 1970 by IRMÃOS VITALE S.A. INDÚSTRIA E COMÉRCIO.
Todos os direitos autorais reservados para todos os países. *All right reserved.*

Amor de violeiro

Rolando Boldrin

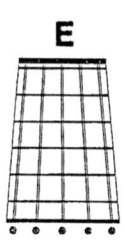

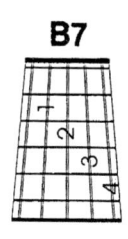

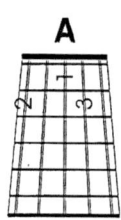

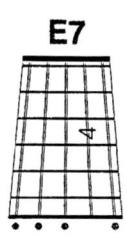

Intr.: E B7 E B7 E

B7
I. No braço de uma viola
       E
Eu faço meu cativeiro
  A   **E**
Eu choro, a dor me consola
  A   **B7**   **E**
E doa a quem doa, parceiro
  E7   **A**
Eu vim de um mundo levado
  B7   **E**
Misturado por inteiro
          B7
Vejo amor mais procurado
        E
Que moeda, que dinheiro
  E7   **A**
Vejo a vela que se apaga
  B7   **E**
Vejo a luz, vejo o cruzeiro
       B7
Vejo a dor, vejo a vontade
     E **intr.**
No amor de um violeiro
       B7
II. No braço de uma viola
     E
Verdade seja bem vinda
  A   **E**
Que acabe o choro e que seja
  A **B7** **E**
O amor a coisa mais linda

  E7   **A**
Eu sou de agora e de sempre
  B7   **E**
Cantador de mundo afora
      B7
Padeço se estou contente
      E
Me dói a dor de quem chora
      B7
Por isso eu sou violeiro
     E
E no braço de uma viola
  E7   **A**
Quem quiser me abrace forte
  B7   **E**
Ou eu abraço primeiro
      B7
Sinto a vida, sinto a morte
    E
No amor de um violeiro
  E7   **A**
Salve a vida, salve a morte
  B7   **E**
Salve a hora de eu cantar
      B7
Deus me deu tamanha sorte
    E
Não sair do meu lugar
    B7
No braço de uma viola......
    E
Eu faço meu cativeiro

© Copyright 1973 by IRMÃOS VITALE S.A. INDÚSTRIA E COMÉRCIO.
Todos os direitos autorais reservados para todos os países. *All rights reserved.*

Por ti padeço

Carreirinho / Tião Carreiro

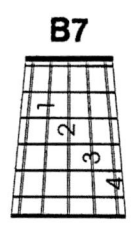

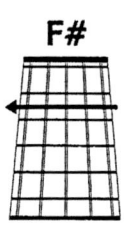

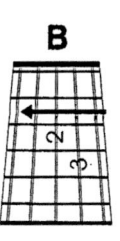

Intr.: A B7 E F# B

```
     B
Quem me ver assim cantando
      F#         B  F# B
Sempre alegre sorridente

Ninguém nota no meu rosto
      F#         B
O que meu coração sente
      B7          A
É duro gostar de alguém
         B7       E F# B
Que já tem seu pretendente
         B
Quem vê os versos que eu faço
      F#         B  F# B
Diz que eu sou inteligente

O coração de quem ama
      F#         B
Trova versos de repente
      B7         B
Alguns pra ser poeta

Outros fica impertinente
      B7         A
O amor que leva º........
         B7      E F# B
De qualquer homem valente
      B
As veis começo a pensar
```

```
      F#          B  F# B
Então me dou por contente

Por poder desabafar
      F#          B
Tudo o que meu peito sente
      B7          B
Meus versos no coração

Atinge diretamente
      B7          A
Mas é que a felicidade
         B7       E F# B
Não pertence à toda gente
         B
Conquistar seu coração
      F#          B  F# B
Sei que não sou suficiente

Vendo você todo dia
      F#          B
Sofrerei eternamente
      B7          B
Amanhã eu vou me embora

Sei que vou partir doente
      B7          A
Pra mim ver você com outro
         B7       E F# B
Eu prefiro viver ausente
```

Eu, a viola e Deus

Rolando Boldrin

    E
I. Eu, vim me embora
                     B7
E na hora cantou um passarinho

Porque eu vim sozinho
E   B7
Eu, a Viola e Deus
E
Vim parando assustado
                    B7
Espantado com as pedras do caminho

Cheguei bem cedinho
   E   E7
A Viola, eu e Deus
   A   B7
Esperando encontrar o amor
       E   C#m
Que é das velhas toadas canções
  F#m   B7
Feito as modas da gente cantar
     E   E7
Nas quebradas dos grandes sertões
   A   B7   (refrão)
Na poeira do velho estradão
     E   C#m
Deixei marcas do meu coração
  F#m   B7
E nas palmas da mão e do pé
E
Os catiras de uma mulher
                       B7
Hei! essa hora da gente ir-se embora é doída

Como é dolorida
E
Eu a viola e Deus

© Copyright 1981 by IRMÃOS VITALE S.A. INDÚSTRIA E COMÉRCIO.
Todos os direitos autorais reservados para todos os países. *All rights reserved.*

Tristeza do Jeca

Angelino de Oliveira

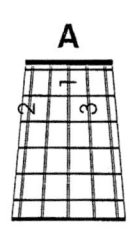

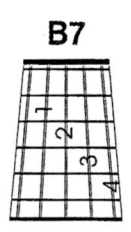

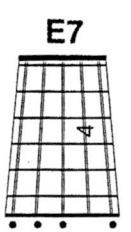

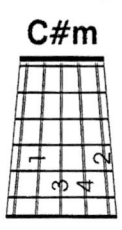

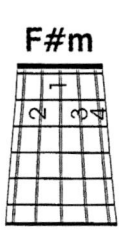

```
   E           A            B7           E7          C#m          F#m
```

```
     E   A        E
I. Nestes versos tão singelos
       B7         E
Minha bela, meu amor
      A         E
Prá você quero contar
         B7        E   E7
O meu sofrer e a minha dor
A   B7      E
Eu sou como o sabiá
              C#m       F#m
Que quando canta é só tristeza
         B7          E
Desde o galho onde ele está
      B7
Nesta Viola eu canto e gemo de
E
verdade
       B7
Cada corda representa uma      (refrão)
E
saudade
        A         E
II. Eu nasci naquela serra
        B7        E
Num ranchinho beira chão
      A       E
Todo cheio de buraco
       B7      E   E7
Donde a lua faz clarão
     A    B7       E
E quando chega a madrugada
```

```
         C#m       F#m
Lá no mato a passarada
       B7        E   (refrão)
Principia um barulhão
          A            E
III. Lá no mato tudo é triste
        B7      E
Desde o jeito de falar
       A       E
Quando riscam a Viola
       B7      E   E7
Dá vontade de chorar
A    B7         E
Não tem um que cante alegre
        C#m       F#m
Todos vivem padecendo
        B7       E   (refrão)
Cantando prá se aliviar
         A          E
IV. Vou parar com minha Viola
       B7       E
Já não posso nem cantar
      A         E
Pois o Jeca quando canta
        B7       E   E7
Tem vontade de chorar
A    B7      E
E o choro vai caindo
         C#m       F#m
Devagar vai se sumindo
        B7      E
Como as águas vão pro mar
```

Vide, vida marvada

Rolando Boldrin

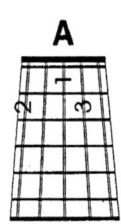

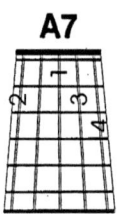

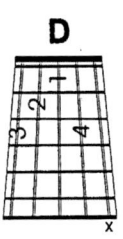

E7 · A · A7 · D

E7
I. Corre um boato aqui donde eu moro

Que as mágoas que eu choro são mal ponteadas

Que no capim mascado do meu boi

A baba sempre foi santa e purificada

Diz que eu rumino desde menininho

Fraco e mirradinho a ração da estrada

Vou mastigando o mundo e ruminando

E assim vou tocando essa vida marvada
A   **E7**
É que a viola fala alto no meu peito humano
                                    A
E toda moda é um remédio pros meus desengano
                      E7
É que a viola fala alto no meu peito, mano   **(refrão)**
                                    A
E toda mágoa é um mistério fora deste plano
       A7   **D**
Prá todo aquele que só fala que eu não sei viver

Chega lá em casa pruma visitinha
                                   A
Que no verso e no reverso da vida inteirinha
         E7   **A**   **(refrão)**
Há de me encontrar num cateretê
         E7   **A**
Há de me encontrar num cateretê
     E7
II. Tem um ditado dito como certo

Que cavalo esperto não espanta a boiada

E quem refuga o mundo resmungando

Passará berrando essa vida marvada

Compadi meu que inveieceu cantando

Diz que ruminando dá pra ser feliz

Por isso eu vagueio ponteando, e assim

Procurando a minha Flor-de-Liz

© Copyright 1983 by IRMÃOS VITALE S.A. INDÚSTRIA E COMÉRCIO.
Todos os direitos autorais reservados para todos os países. *All rights reserved.*

Moda Campeira

Ritmo muito semelhante à Guarânia, com a qual muitas vezes pode até ser confundido. A grande diferença está nas letras, que retratam aspectos e cenas interioranas gerais e não específicos como os aludidos nas Guarânias, que tratam, na maioria das vezes as localidades mato-grossenses e paraguaias.

O crédito de sua invenção é atribuído ao cantor e compositor Palmeira, que na sua melhor fase utilizou este ritmo em parceria com Luizinho. Outros grandes compositores destacaram-se nesse gênero, como Arlindo Pinto e Anacleto Rosas Jr.

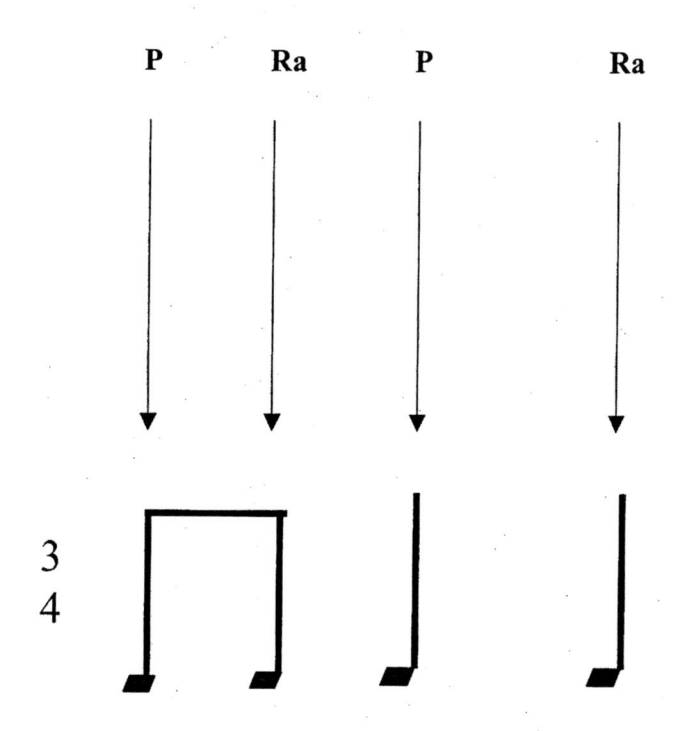

Variação mais comum

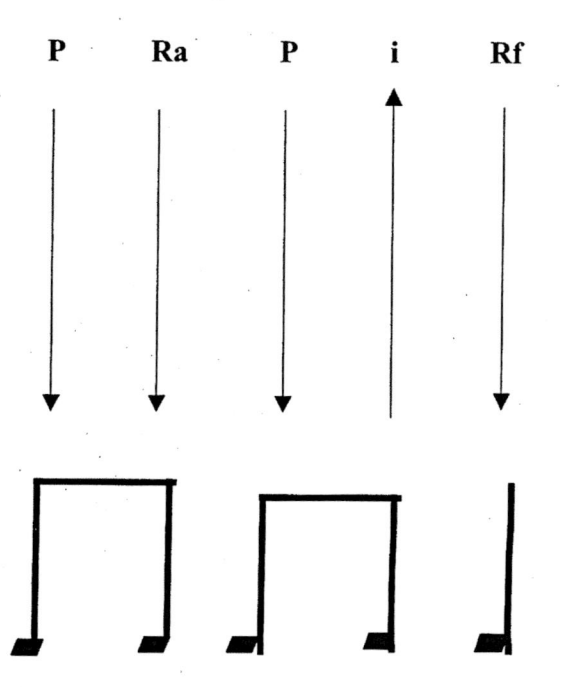

Meu cavalo zaino

Raul Torres

Intr.: **B7 E F⁰ B7/F# B7 E B7**

E
Tenho meu cavalo zaino
      B7   **E**
Que na raia é corredô
  B7   **E**
Já correu quinze carrera
 B7
Todas quinze ele ganhô.
   A
Eu solto na "quadra e meia"
    B7   **E**
Meu zaino vem no galópe
A
Chega treis corpo na frente
     B7   **E**
Nunca precisa chicóte,
B7   **E**
Oi... que cavalo bão
B7   **E**
Oi...que cavalo bão.
E
Quisero comprá meu zaino
     B7   **E**
Por trinta nóta de cem
A
Não ha dinhero que pague
     B7   **E**
Um "macho" qu'eu quéro bem,
B7   **E**
Oi...que cavalo bão
B7   **E**
Oi...que cavalo bão.
E
Um dia robaro meu zaino
    B7   **E**
Fiquei sem meu pariero
A
Meu zaino na mão de outro
      B7   **E**
Nunca mais chega primero,
B7   **E**
Oi...que cavalo bão
B7   **E**
Oi...que cavalo bão.

© Copyright 1939 by IRMÃOS VITALE S.A. INDÚSTRIA E COMÉRCIO.
Todos os direitos autorais reservados para todos os países. *All rights reserved.*

A Guarânia

Ritmo absorvido a princípio na região mato-grossense de fronteira do Brasil com o Paraguai. Colonizados por espanhóis, os paraguaios tiveram na guitarra flamenca o estilo de ataque peculiar da mão direita em forma de rasqueado, com as "costas" dos dedos resvalando nas cordas na direção das mais graves para as agudas, ora com efeitos sonoros deslizantes, ora com "matadas" surdas, buscando um efeito mais percussivo. Devido à sua localização de origem, esse ritmo, através de seus autores, na maioria das vezes nativos, frequentadores ou admiradores das belezas locais, criaram temas em referência à vida e ao cotidiano das regiões pantaneiras.

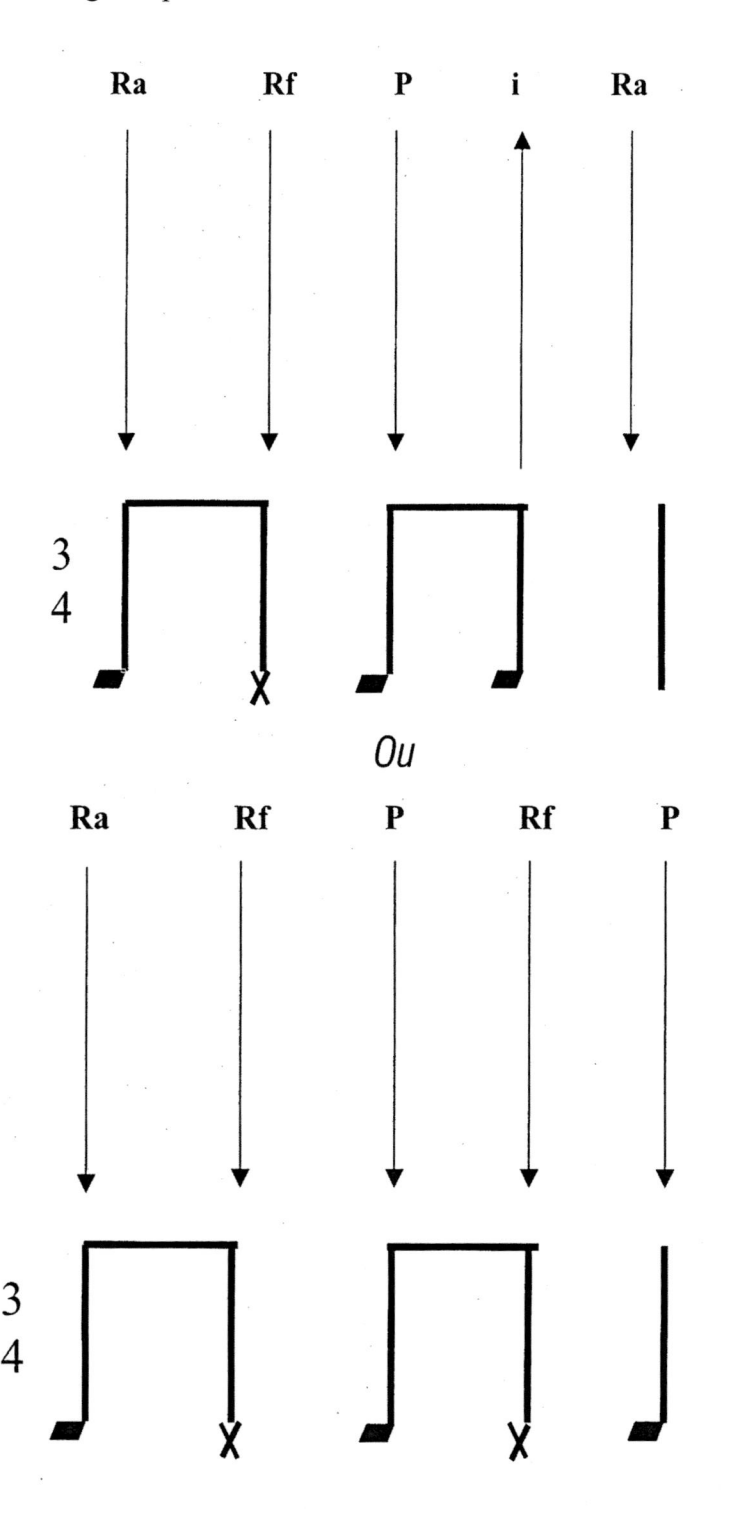

Ou

Você vai gostar

Elpídio dos Santos

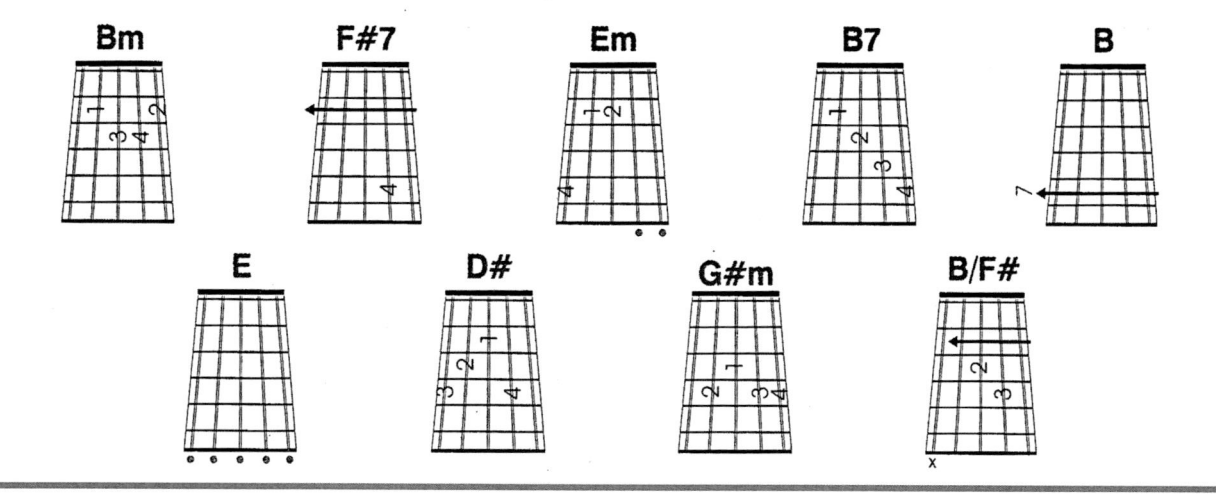

Bm
Fiz uma casinha branca

Lá no pé da serra
        F#7
Prá nós dois morar
Em   **F#7**
Fica perto da barranca
  Em F#7 Bm
Do Rio Paraná

O lugar é uma beleza,
    B7
Eu tenho certeza
    Em
Você vai gostar

Fiz uma capela
Bm   **F#7**
Bem do lado da janela

      B
Prá nós dois rezar
B
Quando for dia de festa
                 F#7
Você veste o seu vestido de algodão

Quebro o meu chapéu na testa
      B
Para arrematar as coisas do leilão
B7   **E**
Satisfeito eu vou levar
        D#   **G#m** **B/F#**
Você de braço dado atrás da procissão
E   **B**
Vou com meu terno riscado
    F#7
Uma flor do lado
      B
E meu chapéu na mão

Saudade de minha terra

Goiá / Belmonte

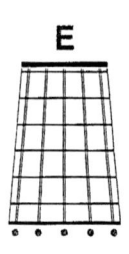

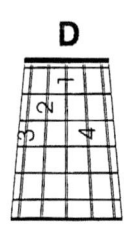

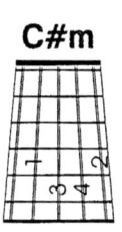

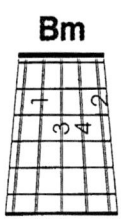

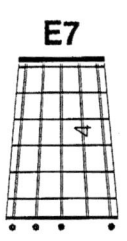

Chords: A, E, D, C#m, Bm, E7

Intr.: A E A E D C#m Bm A

   A
I. De que me adianta viver na cidade
                          E7
Se a felicidade não me acompanhar

Adeus paulistinha do meu coração
                      A
Lá pro meu sertão eu quero voltar
   D
Ver a madrugada quando a passarada
                    E7
Fazendo alvorada começa a cantar

Com satisfação, arreio o burrão
            D C#m Bm A
Cortando o estradão saio a galopar
     D   E7
E vou escutando o gado berrando
              A (introd.)
Sabiá cantando no Jequitibá

II. Por Nossa Senhora, meu sertão querido
               E7
Vivo arrependido por ter te deixado

Nesta nova vida aqui da cidade
              A
De tanta saudade eu tenho chorado
   D
Aqui tem alguém, diz que me quer bem
             E7
Mas não me convém, eu tenho pensado

E digo com pena, mas esta morena
      D C#m Bm A
Não sabe o sistema em que fui criado
     D   E7
Estou aqui cantando, de longe escutando
              A
Alguém está chorando de rádio ligado

III. Que saudade imensa do campo e do mato
             E7
Do manso regato que corta as campinas

Lá aos domingos, passear de canoa
            A
Na linda lagoa de águas cristalinas
   D
Que doces lembranças, daquelas festanças
            E7
Onde tinha danças e lindas meninas

Eu vivo hoje em dia sem ter alegria
      D C#m Bm A
O mundo judia mas também ensina
   D   E7
Estou contrariado mas não derrotado
              A (introd.)
Eu sou bem guiado pelas mãos divinas

IV. Prá minha mãezinha já telegrafei
           E7
Que já me cansei de tanto sofrer

Nesta madrugada estarei de partida
             A
Prá terra querida que me viu nascer
   D
Já ouço sonhando o galo cantando
           E7
O nhambu piando no escurecer

A lua prateada clareando a estrada
     D C#m Bm A
A relva molhada desde o anoitecer
   D   E7
Eu preciso ir prá ver tudo ali
            A E7 A
Foi lá que nasci, lá quero morrer !

© Copyright 1971 by IRMÃOS VITALE S.A. INDÚSTRIA E COMÉRCIO.
Todos os direitos autorais reservados para todos os países. *All rights reserved.*

Chalana

Mário Zan

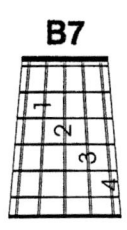

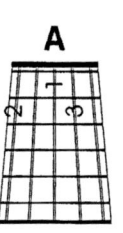

E
Lá vai uma Chalana
    B7   **E**
Bem longe se vai
                       B7
Riscando o remanso do rio Paraguai
A
Oh Chalana sem querer
E
Tu aumentas minha dor
B7   **(refrão)**
Nestas águas tão serenas
                E
Vai levando meu amor

E assim ela se foi
            B7
Nem de mim se despediu
A
A Chalana vai sumindo
    B7   **E**
Na curva lá do rio

E se ela vai magoada
             B7
Eu bem sei que tem razão

Fui ingrato eu feri
      E
O seu pobre coração

Amanheceu, peguei a viola

Renato Teixeira

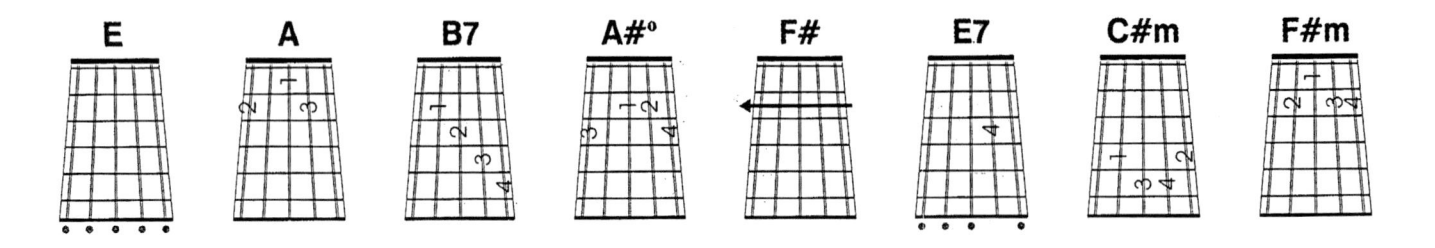

Chords: E A B7 A#° F# E7 C#m F#m

```
     E        A    E
Amanheceu, peguei a viola           ⎫
       A      E     B7  E           ⎬ (refrão)
Botei na sacola e fui viajar        ⎭
                      E7
I. Sou cantador e tudo nesse mundo
               A
Vale prá que eu cante e possa praticar
       A#°             E
A minha arte sapateia as cordas
            F#              B7    (refrão)
E esse povo gosta de me ouvir cantar
                        E7
II. Ao meio dia tava em Mato Grosso
                A
Do sul ou do norte não sei explicar
       A#°              E
Só sei dizer que foi de tardezinha
            F#                B7  (refrão)
Eu já tava cantando em Belém do Pará
                         E7
III. Em Porto Alegre um tal de Coronel
                  A
Pediu que eu musicasse um verso que ele fez
       A#°              E
Para uma china que pela poesia
            F#             B7    (refrão)
Nem lá em Pequim se vê tanta altivez
                         E7
IV. Parei em Minas prá trocar as cordas
```

```
              A
E segui direto para o Ceará
      A#°                E
E no caminho fui pensando, é lindo
              F#           B7    (refrão)
Essa grande aventura de poder cantar
                         E7
V. Chegou a noite e me pegou cantando
                A
Num bailão no norte lá do Paraná
       A#°                 E
Daí prá frente ninguém mais se espante
            F#                B7
E o resto da noitada eu não posso contar
       E       A    E
Anoiteceu, e eu voltei prá casa
          A    E            B7    E
Que o dia foi longo e o sol quer descansar
                     A   E
Amanheceu, peguei a viola
       A   E    B7   E
Botei na sacola e fui viajar !
E7, A, B7, E, C#m, F#m, B7, E   2x
```

© Copyright 1984 by SISTEMA GLOBO DE EDIÇÕES MUSICAIS LTDA.
Todos os direitos autorais reservados para todos os países. *All right reserved.*

Tocando em frente

Renato Teixeira / Almir Sater

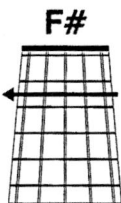

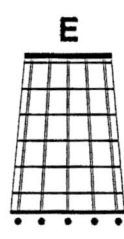

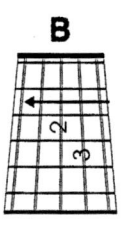

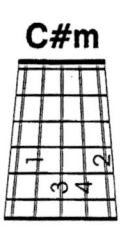

```
F#        E         B         C#m
```

```
    F#                    E
I. Ando devagar porque já tive pressa
                          B
E levo esse sorriso porque já chorei demais
   F#                            E
Hoje me sinto mais forte, mais feliz quem sabe
                      B
Eu só levo a certeza de que muito pouco eu sei
    F#
Ou nada sei ...
  E      C#m        E
Conhecer as manhas e as manhãs
         C#m        B
O sabor das massas e das maçãs
  E      C#m        E
É preciso amor prá poder pulsar     (refrão)
         C#m        E
É preciso paz prá poder sorrir
         B
É preciso chuva para florir
    F#                              E
II. Penso que cumprir a vida seja simplesmente
                                B
Compreender a marcha e ir tocando em frente
   F#                              E
Como um velho boiadeiro levando a boiada
                          B
Eu vou tocando os dias pela longa estrada eu sou
    F#         (refrão)
Estrada eu vou ...
     F#                              E
III. Todo mundo ama um dia, todo mundo chora um dia
                         B
A gente chega e no outro vai embora
   F#                             E
Cada um de nós compõe a sua própria história
                          B
E cada ser em si carrega o dom de ser capaz
    F#       (refrão)
De ser feliz ...
```

© Copyright by ARZE CAIPYRARTE EDIÇÕES MUSICAIS S./A. LTDA.
© Copyright by PEERMUSIC EDIÇÕES MUSICAIS LTDA.
Todos os direitos autorais reservados para todos os países. *All right reserved.*

Tardes morenas de Mato Grosso

Goiá / Valdori

```
         A              E              A
I. Com a rainha do meu destino fui conhecer o jardim de Alá
         C#       F#m      F      E7
Onde nas cores da madrugada ainda canta o sabiá
    A                    A7           D
Tardes morenas de Mato Grosso a paz do mundo achei por lá
  Bm        A       F#      B
Árvores lindas e bem cuidadas soltando flores amareladas
         E        A
Sobre as calçadas de Cuiabá
      B        E      B       E
Domingo triste da despedida chora viola lá no Crispim
      E7         A      E7          A
Deixei o Mato Grosso querido mas pela deusa chorando eu vim
      G         D     A7        D
Eu fiz pra ela um simples verso o universo sorriu pra mim
      E        A                   F
Minha viola brilhou nos campos devido aos bandos se pirilampos
       E7        A     (introd.)
Nos verdes campos lá de Coxim
      A             E              A
II. A nova aurora tão radiosa aconteceu e segui além
           C#          F#m      F            E7
Em Campo Grande passei pensando porque será que quero outro alguém
    A                  A7          D
Mas um amor assim repentino as vezes vale por mais de cem
      Bm       A      F#       B
Tratei de modo tão caprichoso aquele lindo rosto charmoso
       E        A
Olhar manhoso de quem quer bem
     B       E        B            E
Adeus rainha matogrossense não sei se foi meu bem ou meu mal
            A       E7          A
Só sei que nunca em minha vida eu conheci outro amor igual
     G        D      A7       D
Adeus gatinha tão carinhosa estatua viva escultural
       E       A                        F
Adeus menina de fala franca que tem a graça beleza e panca
         E7       A    F E7 A
Da garça branca do pantanal.
```

© Copyright 1980 by IRMÃOS VITALE S.A. INDÚSTRIA E COMÉRCIO.
Todos os direitos autorais reservados para todos os países. *All rights reserved.*

Amargurado

Tião Carreiro / Dino Franco

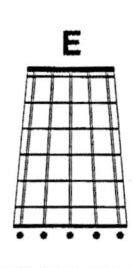

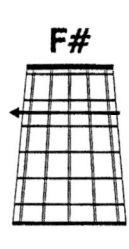

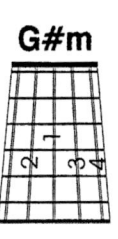

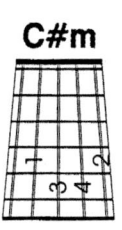

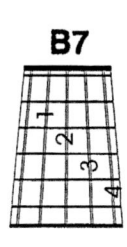

B E F# G#m C#m E7 B7

Intr.: B E F# B G#m C#m F# B

O que é feito daqueles beijos que eu te dei ?
                                              F#
Daquele amor cheio de ilusão que foi a razão do nosso querer ?
      C#m   F#
Prá onde foram tantas promessas que me fizeste ?
            E7   F#   B
Não se importando que o nosso amor viesse a morrer

Talvez com outro estejas vivendo bem mais feliz
      B7   E
Dizendo ainda que nunca houve amor entre nós
                    F#   B
Pois tu sonhavas com a riqueza que eu nunca tive
        G#m   C#m
E se ao meu lado muito sofreste
       F#   B   F#
O meu desejo é que vivas melhor
E   F#   E   B
Vai com Deus ! Sejas feliz com o teu amado !
                  F#
Tens aqui um peito magoado
            E   B   B7
Que muito sofre por te amar
       E   F#
Eu só desejo que a boa sorte siga teus passos
               E
Mas se tiveres algum fracasso
        F#   B   (intr. e volta ao refrão)
Creias que ainda te possa ajudar

© Copyright 1976 by LATINO EDITORA MUSICAL LTDA (Adm. por WARNER CHAPPELL EDIÇÕES MUSICAIS LTDA)
Todos os direitos autorais reservados para todos os países. *All rights reserved.*

Vale Verde

Daniel Fernandes

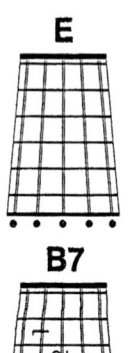

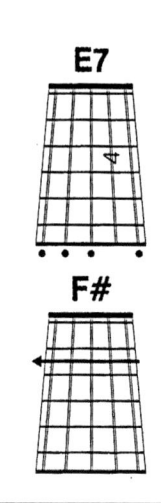

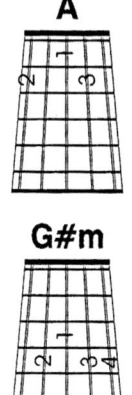

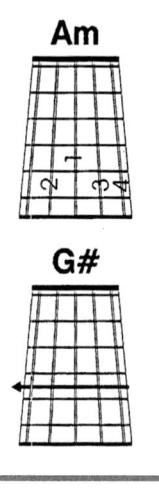

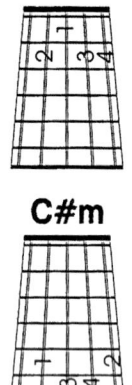

Intr.: E E7 A Am E F#m B7 E

Venho de terra distante
                 B7
Onde o céu é mais azul
A
Sinto estrela cintilante
B7
Me guiando para o sul
E7
Beberei a água da fonte
                A
Limpa, pura e verdadeira
Am   E
Vou transpor as cordilheiras
         F#   B7
Cumprindo as ordens do coração
  A   G#m
E ao chegar ao Vale Verde
F#m   E
Matarei a minha sede
         B7   E
Soltando as rédeas da emoção

                 F#
Reerguerei o meu ranchinho
            A B7
Lá na boca da mata
                 E
Bem defronte à uma cascata
B7   E   (refrão)
Ali vai ser o *meu* ninho
               F#
Cantarei nas madrugadas
            B7
Serei mais um passarinho
        A   B7   E   (intr. e refrão)
Livre, livre para voar
G#   C#m
Viverei num paraíso
                 A   B7   E
Terei tudo que preciso para ser bem feliz

Cabecinha no ombro

Paulo Borges

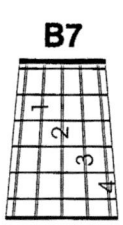

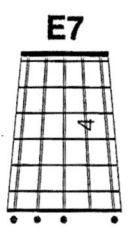

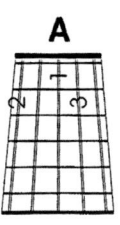

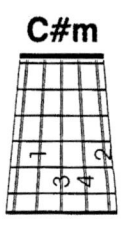

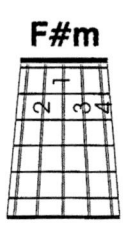

```
E              B7
Encosta sua cabecinha
              E     E7
No meu ombro e chora
A
Conta logo suas mágoas
              E
Todas para mim              Bis
  B7
E chora no meu ombro
       A          E    C#m
Eu juro que não vai embora
              E
Que não vai embora
              E    E7
Que não vai embora     (na 1ª vez)
  B7           E
Porque gosta de mim    (na 2ª vez)
       A            E
Amor, eu quero o seu carinho
    B7         E    E7
Porque eu vivo tão sozinho
       A
Não sei se a saudade fica
           E    C#m
Ou se ela vai embora
          F#m  B7
Se ela vai embora
              E
Se ela vai embora
```

© Copyright 1961 by EDITORA E IMPORTADORA MUSICAL FERMATA DO BRASIL.
Todos os direitos autorais reservados para todos os países. *All right reserved.*

Triste berrante

Adauto Santos

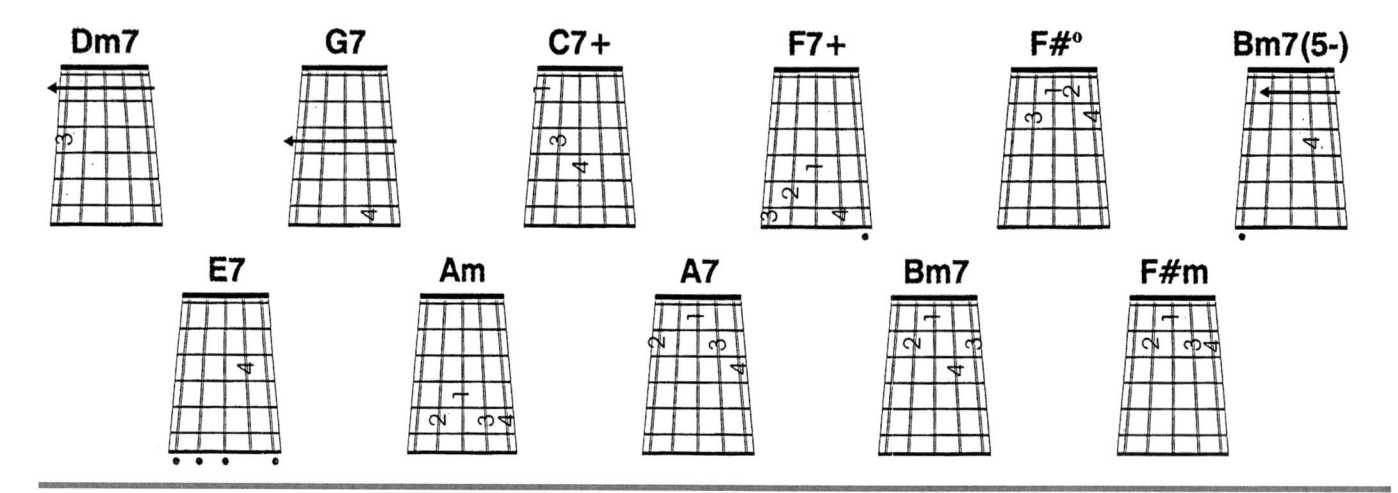

Intr.: **Dm7 G7 C7+ F7+ F#º Bm7(5-) E7**

```
   Dm7           G7        C7+
Já vai bem longe esse tempo eu sei
   F7+           Bm7(5-)   E7      Am    A7
Tão longe que até penso que    eu  sonhei
   Dm7           G7        C7+
Que lindo quando a gente ouvia distante
           F7+    Bm7(5-)
O som daquele triste berrante
           E7     Am   A7
De um boiadeiro a lidar
   Dm7           G7        C7+
E eu ficava ali na beira da estrada
           F7+    Bm7(5-)
Vendo caminhar a boiada
   E7             A
Até o último boi passar
 Bm7    E7        A
Ali passava boi, passava boiada
           F#m            Bm7
Tinha uma palmeira na beira da estrada
           E7             A
Onde foi cravado muito coração
   Dm7           G7        C7+
Mas sempre foi assim e sempre será
   F7+           Bm7(5-) E7   Am   A7
O novo vem e o velho tem    que parar
   Dm7           G7        C7+
O progresso cubriu a poeira da estrada
           F7+    Bm7(5-)
Esse tudo que é meu nada
           E7     Am   A7
Hoje tenho que acatar e chorar
   Dm7           G7        C7+
E mesmo tendo gente e carro passando
           F7+    Bm7(5-)
Meus olhos estão enxergando
           E7     A
Uma boiada passar
```

© Copyright 1978 by ARLEQUIM EDIÇÕES MUSICAIS LTDA.
Todos os direitos autorais reservados para todos os países. *All right reserved.*

Cavalo bravo

Renato Teixeira

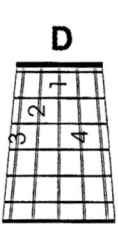

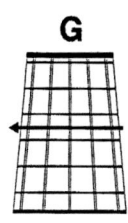

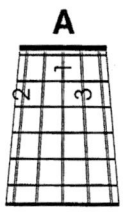

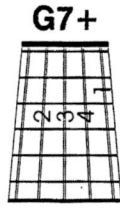

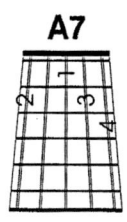

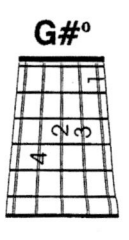

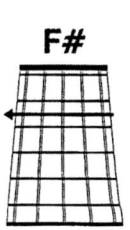

[Chord diagrams: Bm, D, G, A, G7+, A7, G#°, F#]

Bm   D
Olhando o cavalo bravo

No seu livre cavalgar
   G   **A**
Passou-me pela cabeça
D   **Bm**
Uma vontade louca
     G7+   **Bm**
De também ir para cavalgar
     G7+   **Bm**   **A7**
De também ir para cavalgar
D
Coração atrevido
G
Pernas de curioso
G#°
Olhos de bem-te-vi
   D   **F#**
Ouvidos de boi manhoso
   G   **A**
E lá vou eu mundo afora
   G   **D**
Montado em meu próprio dorso

© Copyright by LATINO EDITORA MUSICAL LTDA (Adm. por Warner Chappell Edições Musicais Ltda.)
Todos os direitos autorais reservados para todos os países. *All rights reserved.*

Frete

Renato Teixeira

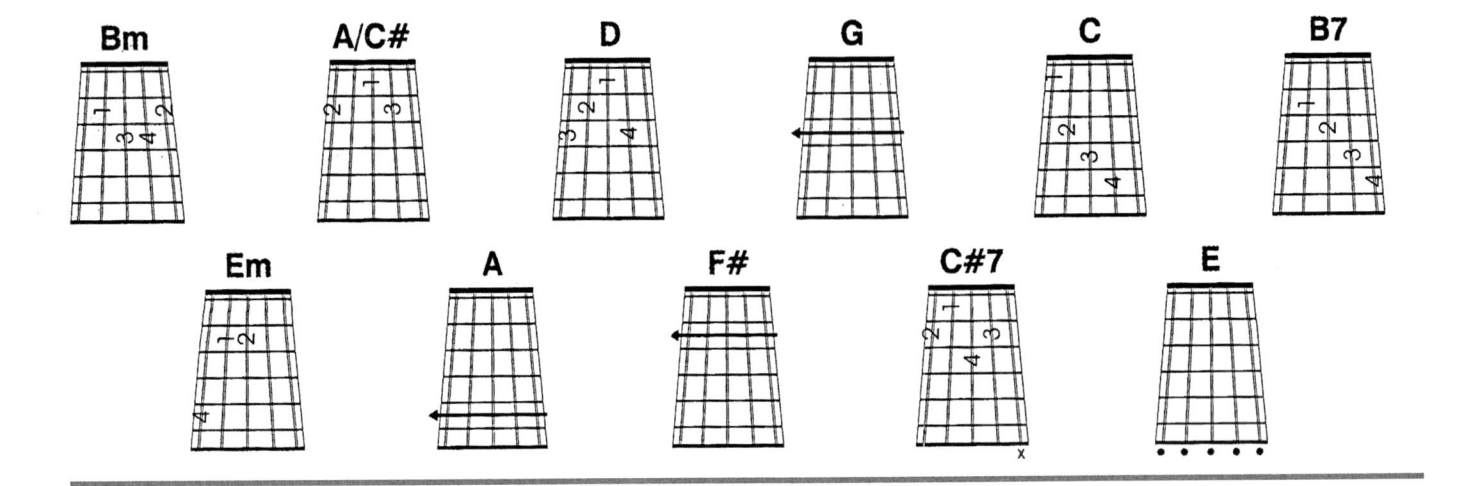

Bm   A/C#   D   G   C   B7

Em   A   F#   C#7   E

    Bm
I. Eu conheço cada palmo desse chão
                    A/C# D A/C# D A/C#
É só me mostrar qual é a direção
G   **C**
Quantas idas e vindas, meu Deus, quantas voltas
B7   **Em**
Viajar é preciso, é preciso
A   **F#**
Com a carroceria sobre as minhas costas
                      Bm
Vou fazendo frete cortando o estradão
    A   **D**
Eu conheço todos os sotaques
    B7   **Em**
Desse povo todas as paisagens
    C#7   **F#m**
Dessa terra todas as cidades
    B7   **E**   (refrão)
Das mulheres todas as vontades
    G   **D**
Eu conheço as minhas liberdades
    C#7   **F#**
Pois a vida não me cobra o frete

    Bm
II. Por onde eu passei deixei saudades
                  A/C# D A/C# D A/C#
A poeira é minha vitamina
G   **C**
Nunca misturei mulher com parafuso
B7   **Em**
Mas não nego a elas meus apertos
A   **F#**
Coisas do destino e do meu jeito
                    Bm (refrão)
Sou irmão da estrada e acho muito bom
  Bm
III. Mas quando eu me lembro lá de casa /
          A/C# D ...
a mulher e os filhos esperando
G   **C B7**
Sinto que me morde a boca da saudade /
                  Em
e a lembrança me agarra e profana
A   **F#**
O meu tino forte de homem
                  Bm (refrão)
É quando a estrada me acode

© Copyright by BMG MUSIC PUBLISHING LTDA.
Todos os direitos autorais reservados para todos os países. *All right reserved.*